人工智能重大应用场景丛书

丛书主编　薛澜

人工智能 + 汽车

Artificial Intelligence plus Automobile

孙玉涛　主编 / 董久钰　王公太　副主编

中国发展出版社
CHINA DEVELOPMENT PRESS

图书在版编目（CIP）数据

人工智能 + 汽车 / 孙玉涛主编 ；董久钰，王公太副主编. -- 北京 ：中国发展出版社，2025. 7. --（人工智能重大应用场景丛书 / 薛澜主编）. -- ISBN 978-7-5177-1504-7

Ⅰ. U46-39

中国国家版本馆 CIP 数据核字第 2025JZ3055 号

书　　名：人工智能+汽车
主　　编：孙玉涛
副 主 编：董久钰　王公太
责任编辑：张　楠
出版发行：中国发展出版社
联系地址：北京经济技术开发区荣华中路22号亦城财富中心1号楼8层（100176）
标准书号：ISBN 978-7-5177-1504-7
经 销 者：各地新华书店
印 刷 者：北京富资园科技发展有限公司
开　　本：710mm × 1000mm　1/16
印　　张：11.5
字　　数：186千字
版　　次：2025 年 7 月第 1 版
印　　次：2025 年 7 月第 1 次印刷
定　　价：78.00元

联系电话：（010）68990635　68990625
购书热线：（010）68990682　68990686
网络订购：http://zgfzcbs. tmall. com
网购电话：（010）88333349　68990639
本社网址：http://www.develpress. com
电子邮件：morningzn@163.com

"人工智能重大应用场景丛书"

联合编写单位

清华大学人工智能国际治理研究院
人工智能治理研究中心（清华大学）
清华大学中国科技政策研究中心
清华大学科技发展与治理研究中心
中国投融资担保股份有限公司
中国移动通信集团有限公司
杭州市萧山区之江智慧场景研究中心
杭州市石虎山机器人概念验证中心

总序

PREFACE

自2022年底ChatGPT横空出世以来，人工智能技术发展进入快车道，推动人类文明迈入新阶段。然而，科学技术是一把“双刃剑”，它既为增进人类福祉提供了无限可能，又给人类文明带来了严峻挑战。如何推动技术的高水平安全应用，使人工智能大模型加快落地，实现科技创新和产业创新互融互促，是当前需要解决的关键问题。

我国高度重视人工智能的发展和应用。习近平总书记强调，人工智能是引领这一轮科技革命和产业变革的战略性技术，具有溢出带动性很强的“头雁”效应。我们要深入把握新一代人工智能发展的特点，加强人工智能和产业发展融合，为高质量发展提供新动能。要加强人工智能同保障和改善民生的结合，从保障和改善民生、为人民创造美好生活的需要出发，推动人工智能在人们日常工作、学习、生活中的深度运用，创造更加智能的工作方式和生活方式。[①] 2024年政府工作报告提出，深化大数据、人工智能等研发应用，开展“人工智能+”行动。在地方层面，各地发布新政，挖掘人工智能应用潜能。北京市于2024年7月26日发布了《北京市推动“人工智能+”行动计划（2024—2025年）》，提出围绕机器人、教育、医疗、文化、交通等五大领域打造标杆应用，率先建设AI原生城市，推动北京市成为具有全球影响力的人工智能创新策源地和应用高地。2024年7月30日，深圳市发布了《深圳市加快打造人工智能先锋城市行动方案》，提出深化全域全时全场景应用，打造场景应用先锋。

人工智能作为重要的前沿引领技术和颠覆性技术，其发展会为经济社会带来巨大收益[②]。一方面，人工智能可以给相关核心产业带来巨大的经济价值。人工智能复杂的产业链环节和极高的技术附加值赋予了相关核心产业巨大的市场前景。以中国为例，根

---

① 《习近平在中共中央政治局第九次集体学习时强调 加强领导做好规划明确任务夯实基础 推动我国新一代人工智能健康发展》，《人民日报》2018年11月1日。

② 以下内容部分节选自薛澜、王净宇：《人工智能发展的前沿趋势、治理挑战与应对策略》，《行政管理改革》2024年第8期。

据工业和信息化部统计，截至 2023 年，中国人工智能核心产业规模已经突破 5000 亿元，企业数量超过 4500 家。按照国务院《新一代人工智能发展规划》中的战略目标，到 2030 年，我国人工智能核心产业规模将超过 1 万亿元，带动相关产业规模超过 10 万亿元。在可见的将来，人工智能核心产业将在国民经济中扮演越来越重要的角色。另一方面，人工智能可以通过赋能千行万业催生新产业、新模式、新动能，助力解决可持续发展等人类共同面临的重要问题。根据《自然》杂志有关论文测算，在联合国提出的 17 个可持续发展目标的 169 个细分项目中，人工智能可以对其中的 134 个产生积极作用，占比达到 79%[①]。中国在《全球人工智能治理倡议》中提出积极支持以人工智能助力可持续发展，应对气候变化、生物多样性保护等全球性挑战，充分阐释了人工智能协助人类推动可持续发展的巨大潜力。

由于人工智能技术具有巨大的影响力和外部性，其在带来发展收益的同时，也会带来不容忽视的安全风险。

第一，人工智能技术本身可能产生技术幻觉、算法歧视甚至技术失控等内生风险。在人工智能的智能化水平较低的阶段，我们只要“拔掉插销”就可以阻止其风险；但是随着人工智能技术进步，当其智能化水平达到一定程度时，有可能表现出伪装的倾向。当其对脱离人类控制具有很高的把握时，人工智能系统很可能展现出“硬币的另外一面”，而此时再“拔掉插销”恐怕已难以起到作用。第二，人工智能技术的大规模普及可能产生误用、滥用、恶用等应用风险。人工智能作为一种重要的通用性、基础性工具，一旦遭到误用、滥用，极有可能造成数据泄露、深度伪造、恐怖主义、技术军事化等风险。第三，人工智能技术变革的颠覆性影响引发劳动力结构调整、社会不平等加剧等经济社会风险。人工智能不同于以往历次科技革命和产业变革中的技术创新，其发展不仅可以

---

① Vinuesa R, Azizpour H, Leite I, et al. “The Role of Artificial Intelligence in Achieving the Sustainable Development Goals”, *Nature Communications*, 2020, 11(1): 233.

拓展人类的生产能力、取代简单重复的常规工作，还可通过学习执行更多认知性工作，在一定程度上超越作为人类改造世界的工具和手段的范畴，具有以全新方式替代人类劳动的潜质。

综合人工智能发展的前沿趋势及其产生的收益和风险来看，目前人工智能治理主要存在以下难点与挑战。一是技术发展和技术治理不同步。在人工智能基础研发、产业应用共同加速的背景下，人工智能的发展同时具有快速迭代和不可预测的特征，对治理系统与技术系统的同步演进提出了巨大挑战。一方面，人工智能技术的迭代速度超出人类预期，现有治理系统的演进速度难以追上技术系统发展的步伐。另一方面，人工智能技术的智能涌现具有不可预测性，治理系统很难准确预判人工智能的发展及其复杂的经济社会影响。二是监管者和被监管者信息不对称。当前技术创新和产业应用的联系空前紧密，产业界已经成为推动人工智能发展的主要力量。然而，监管者很难准确掌握技术发展的实时动态，被监管者很难明确监管者的治理目标，监管者和被监管者之间不断扩大的信息盲区构成了人工智能治理的又一难点。三是风险防范成本和效益不对等。人工智能的通用性和易得性使其潜在风险几乎无处不在，极大增加了风险防范的社会成本。全面防范人工智能带来的安全风险需要耗费大量的公共资源，甚至以部分牺牲人工智能发展为代价。如何在高昂的风险防范成本、巨大的潜在风险损失、不断增大的风险概率之间权衡，是监管者必须面对的重要考验。四是机制复合体治理不协调。人工智能治理是一个涉及法律法规、行业标准、国际协调的复杂系统，需要不同国家、国际组织、相关企业的共同参与。然而不同主体在治理理念、关注议题、治理偏好、治理能力上存在差异，导致人工智能国际治理呈现出嵌套、重叠、平行的碎片化局面，存在合理性、公平性、有效性等一系列治理赤字。如何协调相互重叠、不同层次、不同诉求的参与主体，建立受到广泛认可的人工智能全球治理机制复合体，也是人工智能治理面临的重要挑战。五是地缘政治环境不稳定。人工智能作为颠覆性的前沿技术，是大国博弈的关键领域。大国战略竞争加剧地缘政治复杂性，部分国家甚至以意识形态划线或构建排他性集团，恶意阻挠他国人工智能发展，利用技术垄断和单边强制措施制造发展壁垒，恶意阻断全球人工智能供应链，不但阻碍全球人工智能发展，对人工智能治理也产生了负面影响。

面对人工智能带来的挑战，我国的人工智能治理机制不断完善，具有多元主体、多维共治、多种工具、敏捷协同特征的中国特色人工智能治理体系初见雏形。在当前治理机制的基础上，我国应进一步完善人工智能治理体系、建立人工智能安全监管制度，以更好应对人工智能快速发展带来的风险挑战。

第一，加大人工智能安全领域的研发投入，加快人工智能安全治理能力建设。为了确保人工智能系统安全、可靠、可控，要对人工智能模型进行严格的能力评估、对齐训练和红线测试，并对各类潜在风险进行及时的评估、追踪、识别、防范和响应，这些工作都需要大量的技术储备和研发投入。目前，产业界和学术界过多关注提高人工智能系统能力的科技创新，对于人工智能安全和治理领域的研究相对不足。针对这一现象，包括图灵奖得主姚期智等、诺贝尔奖得主丹尼尔·卡尼曼及清华大学文科资深教授薛澜等学者在《科学》杂志联名发声，呼吁至少将研发预算的1/3投入人工智能安全研究[①]。中国可以在建立未来产业投入增长机制的过程中，通过提高研发费用加计扣除比例等方式，鼓励和要求大型科技公司在生成式人工智能等前沿人工智能技术开发中围绕风险防范问题提高研发投入；在建立科技发展、国家战略需求牵引的学科设置调整机制和人才培养模式中重点加强人工智能安全和治理领域的人才培养，为人工智能安全监管和稳定发展提供人力基础。

第二，建立审慎包容、分级分类的人工智能安全监管制度，通过敏捷治理摆脱治理困境。鉴于人工智能的发展趋势和技术特性，当下很难确定其演变、用途、风险、回报，因而难以提前明确监管对象和监管内容，相关治理只能在监管互动中前行。在此

① Bengio Y, Hinton G, Yao A, et al. "Managing Extreme AI Risks Amid Rapid Progress", *Science*, 2024,384(6698), 842–845.

过程中，政府监管部门可以采用敏捷治理的基本理念，推动人工智能技术发展的利益相关方形成持续性的共同学习和探索机制，根据前沿人工智能发展及其带来的收益风险及时调整治理对象和内容，采用分级分类、监管沙盒等方式，通过治理结构、治理策略、治理工具的灵活创新应对人工智能治理和监管的挑战。

第三，重视企业科技创新主体地位，鼓励行业和企业层面的自我规制。面对人工智能技术的快速迭代，一方面，政府部门可以通过制定随模型能力变强而更加严格的安全标准、要求企业对人工智能系统造成的可预防伤害承担责任等措施加强外部规制；另一方面，产业界作为当前人工智能科技创新最重要的推动力量，需要在人工智能的治理和监管框架中发挥重要作用。政府部门可以在外部监督的基础上，激励引导行业组织和经营主体发挥自律作用，通过行业标准、企业规范等被监管者内部的自我规制解决人工智能领域日益突出的发展治理同步性问题和外部规制信息不对称问题。

第四，依托多边平台，参与、引领人工智能全球治理。人工智能治理具有极强的外部性，攸关全人类命运，是世界各国亟须共同应对的重要挑战，积极参与人工智能全球治理是中国引导人工智能健康有序发展的基础和前提。面对协调机制复合体的治理难题，中国可以重点选择在联合国框架内加强人工智能治理协作和标准塑造，以能力建设为抓手推动构建开放、公正、有效、具有广泛共识的人工智能治理框架和标准规范。

第五，完善双边对话机制，加强与主要人工智能大国的政策沟通。引领全球人工智能发展和治理的主要大国的竞合关系不仅事关双边关系大局，还会对全球人工智能治理成效甚至人类命运产生重要影响。面对大国竞争等地缘政治因素干扰，中国可以基于中美元首旧金山会晤共识，在保持中美政府间人工智能对话的同时，积极推动中美科学界、产业界之间的二轨对话，围绕设置安全红线、防范极端风险、推进全球治理等双方共同关切的问题加强对话、管控分歧、拓展合作，努力在大国战略竞争的背景下实现人工智能发展和治理领域的大国协调。

清华大学人工智能国际治理研究院（以下简称“研究院”），依托清华大学在人工智能与国际治理方面的积累和跨学科优势，面向人工智能国际治理重大理论问题及政策需求开展研究，致力于发挥全球学术影响力和政策引领作用，为中国积极参与人工智能国际治理提供智力支撑。研究院自成立以来，主动肩负社会责任，承担了国家“科技创新 2030—重大项目”等，发布了一系列研究报告，向国家有关部门提交了一批政策建议，连续主办的人工智能合作与治理国际论坛已成为该领域的重要平台，取得了可喜的研究成果。

为响应“人工智能 +”行动，推动人工智能高效赋能千行百业，2024 年 6 月，研究院着手组织牵头“人工智能重大应用场景丛书”研究和编写工作；2024 年 7 月 4 日，在研究院承办的“2024 世界人工智能大会 · 人工智能前沿技术的治理挑战与应对论坛”上，研究院联合中国发展出版社、中国移动集团、中国投融资担保股份有限公司、中国电信研究院、阿里巴巴集团、华信永道、华为战略研究院、之江智慧场景研究中心等机构，正式启动了中国人工智能重大应用场景白皮书研究暨“智能向善”全球伙伴计划。“人工智能重大应用场景丛书”选取金融、教育、政务、医疗、交通、物流、制造、文旅、能源、农业等 10 余个典型场景，面向全社会公开征集案例，遵循“权威性、实用性、创新性、代表性”的原则对案例进行严格筛选，形成集理论与实践于一体的系列丛书，为实现人工智能“善治”与“善用”提供工具性参考。

凡益之道，与时偕行。我们愿与各界同人进一步加强交流，深化合作，共同推动人工智能的健康发展，共同维护人工智能的安全，赋能人类共同的未来！

薛澜

清华大学文科资深教授

清华大学苏世民书院院长

清华大学人工智能国际治理研究院院长

2025 年 6 月

前言

FOREWORD

不知道从什么时候开始，我对汽车产业产生了浓厚的兴趣，自发地了解各种汽车品牌、类型和产品的特征，关注行业的发展趋势。

2017—2019年，在国家知识产权局的领导下，我们研究团队与宁波市科技信息研究院合作，专题研究了宁波汽车零部件产业的资源配置问题。在项目实施过程中，课题组对宁波13家汽车整车和零部件头部企业开展了调研，在汽车行业模块化、轻量化和智能化的背景下，针对如何进行资源配置和布局，关注了新能源汽车的电源、电池、电控、电机等关键零部件核心技术，特别关注了动力电池。相关研究报告已经收录在国家知识产权局原副局长贺化主编的《以知识产权为核心的资源配置导向目录：理论、方法与应用》中。

我现在回头审视当年的研究，发现其中一个很大的不足是没有关注到人工智能在汽车领域的应用带来的巨大变革。人工智能将成为新一轮科技革命的主导技术。美国OpenAI公司2019年发布GPT-3，2024年发布Sora，让“大模型”成为热词。国内通义千问、文心一言、Kimi、豆包和DeepSeek等大模型相继发布，2025年行业持续向多模态和专业化方向发展，各垂直领域也加速布局AI大模型。2024年诺贝尔物理学奖颁给约翰·霍普菲尔德和杰弗里·辛顿，表彰他们在使用人工神经网络的机器学习方面的基础性发现和发明；诺贝尔化学奖颁给大卫·贝克、戴密斯·哈萨比斯和约翰·江珀，其中哈萨比斯和江珀通过人工智能模型实现了一个50年的梦想——预测蛋白质的复杂结构。人工智能已经得到产业界和学术界的双重加持，技术领域的创新浪潮正引领新的变革。

人工智能应用的一个重要场景就是汽车领域，其中自动驾驶进展尤其神速。华为公司的自动驾驶系统（ADS）、特斯拉的全自动驾驶（FSD）系统、百度公司的阿波罗（Apollo）系统等百花齐放。2024年10月，百度Apollo宣布其Robotaxi（无人驾驶出租车）服务“萝卜快跑”在武汉日均订单量突破2万单，占全市网约车市场份额近5%，标志着中国自动驾驶商业化进入新阶段。特斯拉于2024年10

月 11 日召开发布会，推出 Robotaxi Cybercab。同年 10 月 15 日，文远知行发布下一代量产 Robotaxi 车型 GXR，这是迄今空间最大的 Robotaxi 车型，首创取消副驾驶位。汽车行业的电动化、网联化和智能化似乎已经成为趋势，“人工智能 + 汽车”已经成为不可逆转的趋势，尽管这个过程中可能会有各种各样的挫折。

2020—2023 年，在国家科技创新 2030—“新一代人工智能”重大项目支持下，清华大学梁正教授牵头组织“重点领域人工智能治理挑战及对策研究”项目，我们研究团队有幸参与其中，重点关注了人工智能在汽车行业，特别是自动驾驶领域的应用。在项目执行过程中，课题组调研了大量的汽车企业，主要内容包括人工智能研发的规制、自动驾驶技术的布局等问题。2024 年 6 月，我与梁正教授在杭州一个研讨会上相遇，他提及“人工智能重大应用场景白皮书”丛书项目，我第一时间想到要把人工智能与汽车结合起来。

显然，无论是“汽车 + 人工智能”还是“人工智能 + 汽车”，人工智能技术对汽车行业的影响已经完全超越了汽车产品的自动驾驶功能，不只是汽车产品的智能化，更加深刻的变革包括汽车设计与制造、汽车零售与服务等，甚至会改造人们“行”的生态。因此，本书试图全面解析人工智能在汽车和出行领域的影响。

“AI+ 汽车”横跨多个应用领域，我们采用宽视野、全链路的方法进行系统呈现，从典型场景、技术要素、数据要素、产业生态、政策建议多个维度来描述“人工智能 + 汽车”整体框架，同时选择了 9 个不同特色的案例从案例概要、技术架构、业务介绍、数据要素、场景推广等方面进行剖析，使本书具有更多的实操性和参考价值。

本书由清华大学人工智能国际治理研究院作为总牵头方并负责协调，之江智慧场景研究中心负责总体策划，大连理工大学经济管理学院课题组负责具体策划和执行。

孙玉涛、董久钰、王公太、张晨等共同完成本书的上篇“理论框架”，陈灵芝、王宝怡、张瑛、张梦婷、李禹潼等参与具体撰写工作。下篇“典型案例”相关案例的作者如下。

小鹏汽车智驾技术赋能智能网联汽车：丁润涛、陈灵芝、董久钰；

理想汽车自动驾驶系统赋能智慧出行：华春雷、王宝怡；

百度“萝卜快跑”自动驾驶系统赋能智慧出行：楼程莉、王宝怡；

文远知行自动驾驶小巴赋能智慧出行：王巍、王宝怡；

美团自动配送车助力即时零售：夏华夏、郎丹、曾辉；

深圳欧冶半导体助力智能网联汽车高质量发展：董久钰、史祯寰；

浙江深象智能助力汽车零售线下空间智能化升级：王炎、董久钰；

苏州挚途科技推动物流行业智能化升级：姜东胜、张晨；

北京千方科技助力智慧交通综合治理：冉学均、冀会娟、曹硕。

随着 Robotaxi 等汽车产品及生态的发展，也许很快我们就不需要买车、不需要养车、不需要停车。就像科幻电影里呈现的那样：早上起来 Robotaxi 把我们载到办公室，然后就去接其他乘客，晚上再把我们接回家。高峰期，大量有共同起点和终点的乘客可以共享出行。非高峰期，大量的 Robotaxi 会回到机库充电和维修。

孙玉涛
大连理工大学经济管理学院教授
大连理工大学经济管理学院党委书记
2024 年 10 月

目录

CONTENTS

上篇 理论框架

第四章 “人工智能 + 汽车”的数据要素

第五章 “人工智能 + 汽车”的产业生态系统

第六章 “人工智能 + 汽车”的政策建议

下篇 典型案例

第七章 整车制造

第八章 智慧应用

上篇

理论框架

第一章 “人工智能 + 汽车”概述

一、“人工智能 + 汽车”的内涵

（一）智能网联汽车行业发展历程

自 1945 年通用汽车推出 Firebird 概念车以来，基于车路协同技术的高速无人驾驶设想逐渐形成。随着美国卡内基梅隆大学、意大利帕尔马大学、中国清华大学和中国国防科技大学等高等学府相继开展自动驾驶原型车的设计与研究，自动驾驶技术逐步取得进展。然而，由于底层技术和配套产业的不足，直到 20 世纪末，智能网联汽车仍然主要停留在实验室阶段，尚未实现大规模产业化。

从发展历程来看，智能网联汽车的发展可以分为五个阶段：机械化、电子化、网联化、智能驾驶以及第三生活空间（见图 1-1）。具体而言：

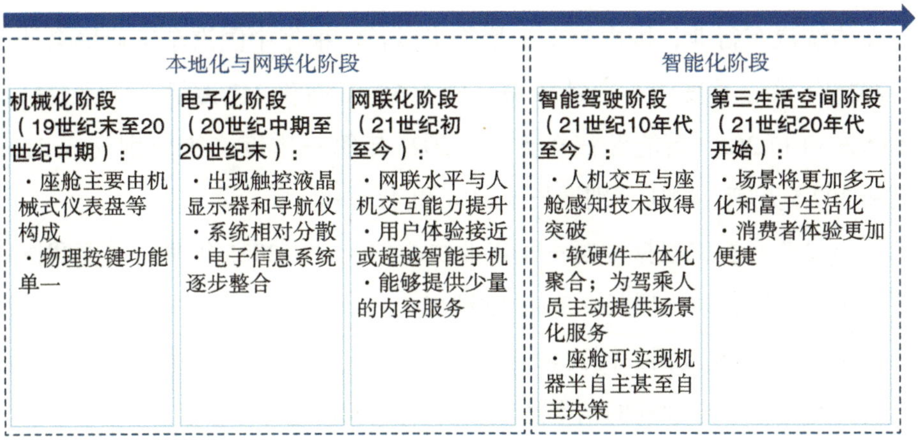

图 1-1　智能网联汽车发展阶段

资料来源：作者整理。

机械化阶段（19世纪末至20世纪中期）：聚焦于悬挂系统、制动系统等关键部件，汽车从最初的简单形态逐步演变为具有复杂机械结构的交通工具。

电子化阶段（20世纪中期至20世纪末）：电子点火系统、电子燃油喷射系统、防抱死制动系统（ABS）等电子技术逐步被引入汽车中。

网联化阶段（21世纪初至今）：智能网联汽车发展的关键转折点，汽车通过车联网（V2X）技术与外部世界实现信息的交换与共享。

智能驾驶阶段（21世纪10年代至今）：智能网联汽车的核心发展阶段，汽车通过搭载先进的传感器、控制器和执行器，并结合现代通信和网络技术，逐步实现不同程度的自动驾驶功能。

第三生活空间阶段（21世纪20年代开始）：智能网联汽车将超越单纯的交通工具属性，智能座舱通过整合驾驶信息和车载应用，利用强大的信息处理能力，实现多模态交互、地图导航、车机娱乐内容和生活服务信息的融合。

当前汽车产业已稳健跨越至电子化全面实现的第二阶段，而网联化、智能驾驶技术的革新以及作为未来出行新形态的第三生活空间构想，正以前所未有的速度并行推进，共同绘制着汽车智能化发展的宏伟蓝图。

（二）智能网联汽车行业结构

在传统汽车行业，国内汽车销量稳步增长。根据中国汽车工业协会的统计，2025年第一季度汽车产销分别完成756.1万辆和747万辆，同比分别增长14.5%和11.2%。新能源汽车方面，2025年第一季度产销分别完成318.2万辆和307.5万辆，同比分别增长50.4%和47.1%。

从出口角度看，根据中国汽车工业协会的统计，2025年第一季度我国汽车出口142万辆，同比增长7.3%。欧洲出口占比持续提升，中国汽车在欧洲市场的销量达14.8万辆，同比增长78%。其中，在英国的销量达4.25万辆，同比增长59%；在意大利的销量达2.82万辆，同比增长80%。

随着智能网联技术的快速发展，以及各类互联网行业巨头的不断涌入，智能汽车领域正成为新一轮科技革命和产业变革的战略高地，我国智能汽车行业也逐渐进入发展的黄金期。根据前瞻产业研究院发布的数据，2023 年中国智能网联汽车行业市场规模达到 9583 亿元，近五年复合增速达 50.92%。初步估算，2024 年中国智能网联汽车行业市场规模将达到 12043 亿元。

在区域布局方面，国内智能网联汽车的发展呈现出全面推进的态势。截至 2023 年底，全国已建成 17 个国家级测试示范区（见表 1–1）、7 个车联网先导区，以及 16 个智慧城市与智能网联汽车协同发展的试点城市，开放测试示范道路总长度超过 22000 公里，发放测试示范牌照超过 5200 张，累计道路测试里程达到 8800 万公里。自动驾驶出租车、干线物流、无人配送等多场景的示范应用也在有序推进。其中，长三角地区是智能网联示范项目的主要集聚地；上海（4 个）、江苏（4 个）、广东（4 个）、北京（3 个）、重庆（3 个）是国家重点推进智能网联示范建设的省份；无锡、长沙、武汉、广州和成都是重点示范建设的城市。

表 1-1 智能网联汽车国家级测试示范区

序号	示范区	城市
1	国家智能网联汽车应用（北方）示范区	长春
2	中德智能网联汽车、车联网四川试验基地	成都
3	国家智能汽车与智慧交通应用示范公共服务平台	重庆
4	国家智能网联汽车（长沙）测试区	长沙
5	广州市智能网联汽车与智慧交通应用示范区	广州
6	国家智能汽车与智慧交通（京冀）示范区	北京
7	国家智能交通综合测试基地（无锡）	无锡
8	国家智能网联汽车（上海）试点示范区	上海
9	浙江 5G 车联网应用示范区	嘉兴
10	国家智能网联汽车（武汉）测试示范区	武汉
11	自动驾驶封闭场地测试基地（西安）	西安
12	自动驾驶封闭场地测试基地（重庆）	重庆

续表

序号	示范区	城市
13	国家智能网联汽车封闭测试基地（海南）	琼海
14	自动驾驶封闭场地测试基地（北京）	北京
15	智能网联汽车自动驾驶封闭场地测试基地（泰兴）	泰兴
16	智能网联汽车自动驾驶封闭场地测试基地（上海）	上海
17	智能网联汽车自动驾驶封闭场地测试基地（襄阳）	襄阳

资料来源：工业和信息化部。

产业市场竞争方面，智能网联汽车产业的生态体系复杂，市场参与者众多，涵盖了汽车主机厂、零部件企业、信息与通信技术（ICT）企业以及互联网公司等多个领域的企业。其中，汽车主机厂致力于整合软硬件资源、功能服务以及生态服务商，完成从整车制造到长期出行服务的交付过程；互联网公司则凭借软件、数据和地图等优势资源，持续挖掘“人、车、生活”的应用场景，构建互联网服务生态。

当前，智能网联汽车领域的竞争格局可以根据企业特性划分为五大阵营：互联网行业的二次创业者、另起炉灶的先行者、传统车企的内部革新者、探索新增长曲线的平台型企业、谋求转型升级的实体先锋。

具体而言，互联网行业的二次创业者指那些在互联网行业取得成功后，转向智能网联汽车领域的创业团队，他们通常具备丰富的互联网技术与运营经验，重视用户体验和数据驱动；另起炉灶的先行者指原本从事汽车相关行业的企业组织，他们看到了智能网联汽车的市场潜力，选择独立创立新企业进入该领域；传统车企的内部革新者则专注于推动传统车企内部的技术创新与转型升级；探索新增长曲线的平台型企业通过投资、合作或自主研发，进入智能网联汽车领域，探索自身平台与智能网联汽车的结合点；谋求转型升级的实体先锋指那些原本与汽车及智能网联领域无关的实体企业，它们通常具备雄厚的资源基础，借此进军该领域，推动转型升级（见图 1–2）。

图 1-2 智能网联汽车产业主要参与主体

资料来源：作者整理。

（三）智能网联汽车行业产业链

智能网联汽车行业的产业链围绕智能网联汽车这一主体，涵盖了整个上游、中游和下游的各类参与者。具体来说，智能网联汽车（Intelligent Connected Vehicle，ICV）是车联网与智能汽车的有机结合，搭载了先进的车载传感器、控制器、执行器等设备，融合了现代通信与网络技术，实现车与人、道路、后台之间的智能信息交换与共享，具备复杂环境感知、智能决策和协同控制等功能，可实现安全、舒适、节能和高效行驶。

智能网联汽车行业产业链包括上游的关键系统、中游的系统集成以及下游的应用服务（见图 1-3）。上游主要由以下几个系统组成：包含雷达、高精地图和卫星导航等的感知系统；包含算法、车载芯片和计算平台等的决策系统；包含车控操作系统、智能控制等的执行系统；包含云平台、通信模组等的通信系统。中游主要包括智能驾驶座舱、整车制造和自动驾驶解决方案。下游涵盖智能网联汽车的增值服务、运营服务以及开发测试等环节。

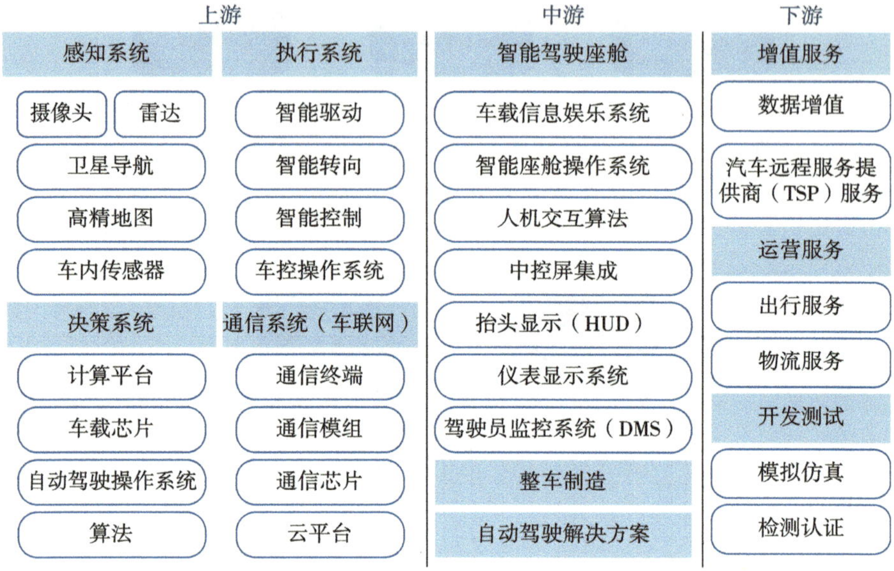

图 1-3 智能网联汽车产业价值链

资料来源：作者整理。

传统汽车与智能网联汽车在上游、中游、下游产业链各环节构成存在差异（见表 1-2）。在产业链上，智能网联汽车的核心价值正在由整车制造向产业链的两端转移，核心竞争力逐渐倾向于核心软硬件提供商和运营服务商。与传统汽车相比，智能网联汽车的价值链呈现出总量增长、后端延展的特点。传统汽车的价值链多呈现“微笑曲线”形态，即硬件制造在链条的中间部分，而附加值较高的研发和售后服务位于两端。智能网联汽车则在原有的底盘、车架和零部件等硬件设计基础上，进一步添加了系统、网络和应用等软件集成，这正对应表中智能网联汽车上游复杂的感知、决策等系统。因此，上游环节的附加值有望大幅提升，推动一批具备高附加值和高技术壁垒的核心软硬件提供商崛起。在下游产业链，智能网联汽车作为一种新的智能终端，其道路行驶数据、人车交互数据等大数据的深度挖掘和应用，类似于智能手机时代的新应用和新商业模式，有望带动整个产业链的后端价值扩展，带来广阔的发展前景。

表 1-2 传统汽车与智能网联汽车产业链对比

	传统汽车	智能网联汽车
上游	①传统动力系统（变速箱、发动机系统）； ②车身附件及内外饰（车灯、玻璃、座椅总成）； ③电子电气系统（空调系统、车身传感器、线束、安全气囊）； ④底盘（制动系统、传动系统、轮胎、减震隔音产品）	①感知系统（摄像头、雷达、卫星导航、高精地图等）； ②决策系统（计算平台、车载芯片、自动驾驶操作系统、算法等）； ③执行系统（智能驱动、智能转向、智能控制等）； ④通信系统（通信终端、通信模组、通信芯片、云平台等）
中游	①汽车设计； ②汽车生产制造	①智能驾驶座舱（车载信息娱乐系统、智能座舱操作系统、人机交互算法、中控屏集成、抬头显示、仪表显示系统等）； ②整车制造； ③自动驾驶解决方案
下游	①汽车销售（汽车经销商、厂家直销）； ②汽车后市场（维修保养、零部件售卖、汽车金融、二手车交易）	①增值服务（数据增值、TSP 服务）； ②运营服务（出行服务、物流服务）； ③开发测试（模拟仿真、检测认证）

资料来源：作者整理。

（四）人工智能技术赋能智能网联汽车行业产业链

人工智能技术的进步持续推动汽车智能化的发展。目前，人工智能大模型主要应用于自然语言处理（NLP）和计算机视觉（CV）领域，其中以 Transformer 架构为主导。与卷积神经网络（CNN）相比，Transformer 架构在大规模数据学习中的表现更为出色，但也有少量基于 CNN 的模型处于科研进程中。当前，ChatGPT、DriveGPT 等大模型普遍采用“Transformer 架构 + 监督学习（SL）预训练 + 人类反馈强化学习（RLHF）”的模式。

在产业链中的具体应用上，以智能驾驶座舱为例，NLP 大模型可以实现语言交互、拟人表达和决策建议。搭载智能座舱后，可突破性解决传统人车交互中对话风格单一、智能化程度低等问题。逻辑推理、策略规划和知识问答等功能全面升级了车载操作系统，能够实现自然的对话式交互，使语音交互成为车载系统的主要操作模式之一，从而推动操作系统架构的优化和调整。

除人工智能大模型外，人工智能技术还能够在产业链上游的多个关键环节发挥重要作用，进一步优化感知系统、决策系统和执行系统的性能和效率（见表 1–3）。

表 1-3 人工智能技术赋能智能网联汽车行业产业链

产业链环节	人工智能技术应用	具体应用
感知系统	图像识别、目标检测、深度学习	实时捕捉并传输周围环境信息；提升感知数据的准确性和可靠性；为智能网联汽车安全行驶提供保障，降低事故风险
决策系统	精细决策模型	综合考虑多种因素提供最优行驶策略；根据驾驶者偏好和交通流量等动态信息灵活调整决策方案；确保行驶过程既安全又舒适
执行系统	先进算法规划	精确操控智能网联汽车转向、刹车、油门等关键控制系统；确保车辆严格按照既定路线行驶；提升行驶安全性，使智能网联汽车在复杂路况下游刃有余，提供平稳、舒适的驾乘体验
智能驾驶座舱	NLP 大模型	语言交互、拟人表达、决策建议；解决对话风格固化、智能性差的问题；实现自然对话式交互，使语音交互成为车载系统主要操作模式之一，带动操作系统架构优化

资料来源：作者整理。

在感知系统中，智能网联汽车配备了多种传感器，包括高精度激光雷达等。这些设备能够实时捕捉并传输周围的道路状况、车辆位置、行人动态以及各类障碍物信息。人工智能技术，特别是图像识别、目标检测和深度学习等先进算法的应用，使智能网联汽车能够“洞察”周围环境的每个细节。这不仅显著提高了智能网联汽车感知数据的准确性和可靠性，还为智能网联汽车的安全行驶提供了坚实保障，降低事故风险。

在决策系统中，智能网联汽车的决策过程涉及路径规划、障碍物规避和车辆控制等复杂环节。面对快速变化的道路环境，人工智能技术展现了卓越的处理能力和反应速度。通过构建精细的决策模型，人工智能能够综合分析道路规则、实时交通状况、天气条件等多种因素，为智能网联汽车提供最优的行驶策略。此外，人工智能还可以根据驾驶者的个人驾驶偏好和动态的交通流量，灵活调整决策方案，确保行驶过程既安全又舒适。

在执行系统中，人工智能技术展现了精准的控制力。通过先进的算法规划，人工智能能够精确控制智能网联汽车的转向、刹车、线控油门等关键系统，确保车辆严格按照既定路线行驶。这种高精度的控制不仅提升了行驶的安全性，而且使智能网联汽车在应对复杂路况时更加得心应手，为人们提供更加平稳、舒适的驾乘体验。

（五）人工智能技术赋能智能网联汽车需求端

当前，汽车消费市场已进入存量竞争阶段，呈现“供大于求”的局面。厂商和经销商必须依托人工智能与大数据技术，实现转型升级，才能有效匹配用户需求并提升竞争力。

1. 市场洞察与用户画像

人工智能技术凭借强大的数据处理能力，能够深入挖掘并分析海量的用户数据，涵盖用户的搜索行为、浏览轨迹、购买偏好等多个维度。这些数据使企业能够构建个性化的用户画像，深入理解目标市场的需求和变化趋势。通过对历史销售数据、行业动态以及消费者反馈的综合分析，人工智能还能预测市场走向，帮助车企提前布局、抢占市场先机，从而为产品开发和营销策略提供科学依据。

2. 个性化营销策略

在营销内容创作和分发方面，生成式人工智能技术的兴起，使车企能够迅速生成高质量的营销内容，并根据用户的兴趣和需求精准推送，大幅提升了营销效率并降低了营销成本。在供给端，智能推荐系统基于用户画像和行为数据，提供个性化车型推荐和购车方案，进一步提升用户体验和购买转化率。

3. 重塑智能交互体验

人工智能驱动的智能客服系统彻底改变了传统客户服务模式，这类系统能够提供 24 小时不间断的咨询服务，迅速解答用户疑问，极大地提高了客户满意度与忠诚度。例如，一汽大众通过引入生成式人工智能产品——品牌智能体，在“看车—选车—购车—用车”各个环节为用户提供定制化的智能引导服务。

4. 售后服务智能化转型

在智能故障诊断方面，AI 可以通过远程数据监测与分析，快速诊断车辆故障并提供即时解决方案，显著提升了售后服务效率。同时，人工智能还能自动收集和分析用户反馈，帮助企业迅速识别产品和服务中的问题，推动快速优化和改进。

二、“人工智能＋汽车”的发展机遇

（一）政策环境

1. 国家政策驱动智能网联汽车产业发展

自 2017 年以来，智能网联汽车领域的相关政策和法规相继出台（见表 1–4），规范并支持了汽车产业链、市场准入与道路测试、标准体系建设及基础设施建设等多个方面。在汽车产业链方面，政策涵盖了传感器技术、高精度地图技术、高性能芯片技术和车联网通信技术等关键技术的研发与应用，鼓励产业链上下游企业的深度合作与融合；在市场准入与道路测试方面，重点推进开放道路测试、示范应用以及商业化落地；在标准体系建设方面，政策推动了整车信息安全、软件升级、自动驾驶数据记录系统等方面国家级标准的完善；基础设施建设方面则涉及网络安全、地理测绘、数字基础设施和信息通信等关键领域。自 2023 年以来，中央及国家相关部门频频发布政策，进一步推动智能网联汽车行业的发展，产业已进入质变阶段。未来，我国将继续重视智能网联汽车产业的持续发展，优化产业生态，推动行业的全面升级。

表 1-4　智能网联汽车相关中央政策

时间	部门	政策文件	主要内容
2018 年 4 月	工业和信息化部	《智能网联汽车道路测试管理规范（试行）》	明确了道路测试、示范应用和测试区（场）的定义，适用范围进一步由限定道路扩展到限定区域，并明确了高速公路可作为道路测试和示范应用的道路。同时，将地级市纳入可具体制定实施细则并组织道路测试和示范应用的范畴

续表

时间	部门	政策文件	主要内容
2020 年 7 月	国务院办公厅	《关于进一步优化营商环境更好服务市场主体的实施意见》	完善对新业态的包容审慎监管，进一步放宽互联网诊疗范围，降低导航电子地图制作测绘资质申请条件，增加智能网联汽车等新业态应用场景供给
2020 年 12 月	交通运输部	《关于促进道路交通自动驾驶技术发展和应用的指导意见》	到 2025 年，自动驾驶基础理论研究取得积极进展，道路基础设施智能化、车路协同等关键技术及产品研发和测试验证取得重要突破；出台一批自动驾驶方面的基础性、关键性标准；建成一批国家级自动驾驶测试基地和先导应用示范工程，在部分场景实现规模化应用，推动自动驾驶技术产业化落地
2021 年 7 月	工业和信息化部、公安部、交通运输部	《智能网联汽车道路测试与示范应用管理规范（试行）》	明确了道路测试、示范应用及测试区（场）的定义，将道路测试和示范应用的范围扩展到包括高速公路在内的公路、城市道路和区域，并对省、市级相关主管部门的主要职责与工作机制进行了说明
2022 年 1 月	交通运输部、科技部	《交通领域科技创新中长期发展规划纲要（2021—2035 年）》	推动新能源汽车和智能网联汽车研发，突破高效安全纯电驱动、燃料电池与整车设计、车载智能感知与控制等关键技术及设备
2022 年 2 月	工业和信息化部	《车联网网络安全和数据安全标准体系建设指南》	到 2023 年底初步构建起车联网网络安全和数据安全标准体系，到 2025 年，形成较为完善的车联网网络安全和数据安全标准体系，完成 100 项以上标准的研制，提升标准对细分领域的覆盖程度，加强标准服务能力，提高标准应用水平，支撑车联网产业安全健康发展
2022 年 8 月	自然资源部	《自然资源部办公厅关于做好智能网联汽车高精度地图应用试点有关工作的通知》	在北京、上海、广州、深圳、杭州、重庆 6 个城市开展智能网联汽车高精度地图应用试点
2022 年 11 月	工业和信息化部	《关于开展智能网联汽车准入和上路通行试点工作的通知》	对于具备自动驾驶功能的智能网联汽车，开展准入试点，明确试点工作中的试点内容和试点主体申报条件，以及试点组织实施过程中的具体细则及责任划分

续表

时间	部门	政策文件	主要内容
2023 年 3 月	工业和信息化部	《国家汽车芯片标准体系建设指南（2023 版）》（征求意见稿）	到 2025 年，制定 30 项以上汽车芯片重点标准；到 2030 年，制定 70 项以上汽车芯片相关标准。建立完善汽车芯片标准体系，引导和推动我国汽车芯片技术发展和产品应用，培育我国汽车芯片技术自主创新环境，提升整体技术水平和国际竞争力，构建安全、科学、高效和可持续的汽车芯片产业生态
2023 年 7 月	工业和信息化部	《国家车联网产业标准体系建设指南（智能网联汽车）（2023 版）》	到 2025 年，系统形成能够支撑组合驾驶辅助和自动驾驶通用功能的智能网联汽车标准体系。制修订 100 项以上智能网联汽车相关标准，涵盖组合驾驶辅助、自动驾驶关键系统、网联基础功能及操作系统、高性能计算芯片及数据应用等方面标准，并贯穿功能安全、预期功能安全、网络安全和数据安全等安全标准，满足智能网联汽车技术、产业发展和政府管理对标准化的需求
2023 年 9 月	交通运输部	《关于推进公路数字化转型加快智慧公路建设发展的意见》	到 2027 年，公路数字化转型取得明显进展；到 2035 年，全面实现公路数字化转型，建成安全、便捷、高效、绿色、经济的实体公路和数字孪生公路两个体系
2023 年 11 月	工业和信息化部、公安部、住房城乡建设部、交通运输部	《关于开展智能网联汽车准入和上路通行试点工作的通知》	在智能网联汽车道路测试与示范应用工作基础上，四部门遴选具备量产条件的搭载自动驾驶功能的智能网联汽车产品，开展准入试点
2024 年 1 月	工业和信息化部、公安部、自然资源部、住房城乡建设部、交通运输部	《关于开展智能网联汽车“车路云一体化”应用试点工作的通知》	建成一批架构相同、标准统一、业务互通、安全可靠的城市级应用试点项目，推动智能化路侧基础设施和云控基础平台建设，提升车载终端装配率，开展智能网联汽车“车路云一体化”系统架构设计和多种场景应用，形成统一的车路协同技术标准与测试评价体系，健全道路交通安全保障能力，促进规模化示范应用和新型商业模式探索，大力推动智能网联汽车产业化发展

续表

时间	部门	政策文件	主要内容
2024 年 8 月	工业和信息化部	《关于推进移动物联网"万物智联"发展的通知》	在智能网联汽车领域，推动在行车监控、自动驾驶等场景的应用，实现信息交换共享、复杂环境感知、智能决策和协同控制等功能，鼓励 5G RedCap 车载应用创新
2024 年 8 月	工业和信息化部	国家标准《智能网联汽车 自动驾驶数据记录系统》	规定了智能网联汽车自动驾驶数据记录系统的技术要求、试验方法、同一型式判定等。确保自动驾驶系统的数据记录能够全面、准确、安全地反映车辆的运行状态，这对于事故分析、系统优化和法律责任认定都至关重要

资料来源：作者整理。

2. 地方政策扶持智能网联汽车产业发展

在中央政策的指引下，地方先行先试探索创新路径，截至 2023 年 6 月，我国已有多个城市发布道路测试实施细则（见表 1–5），推动无人化测试、载人测试、载物测试、高速测试、商业化试点等测试示范创新探索，多地通过地方立法或设立政策先行区推动智能网联汽车发展。

表 1-5　智能网联汽车相关地方政策（部分）

城市	时间	文件名称
北京	2017 年 12 月	《北京市关于加快推进自动驾驶车辆道路测试有关工作的指导意见（试行）》和《北京市自动驾驶车辆道路测试管理实施细则（试行）》
	2022 年 11 月	《北京市智能网联汽车政策先行区无人接驳车管理细则（道路测试与示范应用）》
上海	2021 年 10 月	《上海市智能网联汽车测试与示范实施办法》
	2021 年 12 月	《上海市智能网联汽车测试与应用管理办法》
	2022 年 11 月	《上海市智能网联汽车示范运营实施细则》
	2023 年 1 月	《上海市智能网联汽车高快速路测试与示范实施方案》
重庆	2022 年 9 月	《重庆市智能网联汽车道路测试与应用实施细则（试行）》
深圳	2022 年 6 月	《深圳经济特区智能网联汽车管理条例》
	2022 年 11 月	《深圳市智能网联汽车道路测试与示范应用管理实施细则》

续表

城市	时间	文件名称
长春	2018 年 4 月	《长春市智能网联汽车道路测试管理办法（试行）》
长沙	2022 年 6 月	《长沙市智能网联汽车道路测试与示范应用管理细则（试行）V4.0》
广州	2021 年 1 月	《广州市黄埔区 广州开发区智能网联汽车道路测试实施细则》
	2022 年 1 月	《南沙区智能网联汽车道路测试实施细则（试行）》
天津	2022 年 1 月	《天津市智能网联汽车道路测试与示范应用实施细则（试行）》
杭州	2023 年 4 月	《杭州市智能网联车辆测试与应用管理办法》
成都	2022 年 6 月	《成都市智能网联汽车道路测试与示范应用管理规范实施细则（试行）》
	2023 年 6 月	《关于推进成都市智能网联汽车远程驾驶测试与示范应用的指导意见》
苏州	2022 年 6 月	《苏州市智能网联汽车道路测试与示范应用管理实施细则（试行）》
武汉	2022 年 6 月	《武汉市智能网联汽车道路测试和示范应用管理实施细则（试行）》
南京	2019 年 10 月	《南京市智能网联汽车道路测试管理细则（试行）》
合肥	2022 年 3 月	《合肥市智能网联汽车道路测试与示范应用管理规范》
大连	2022 年 10 月	《大连市智能网联汽车道路测试与示范应用管理实施细则（试行）》

资料来源：作者整理。

举例而言，2023 年 3 月，上海市浦东新区发布了《上海市浦东新区促进无人驾驶智能网联汽车创新应用规定实施细则》，这是国内首部专注于 L4 及以上级别自动驾驶系统的地方专项立法。同年 6 月，北京市发布了《北京市智能网联汽车政策先行区数据分类分级管理细则（试行）》，为车路云一体化的数据分类分级提供了详细的实施指引，推动形成政府监管与市场自律相结合的数据治理架构，为保障产业数据安全和推动数据市场化流通交易奠定了基础。

2024 年，各省（区、市）对智能网联汽车行业的政策支持力度持续增强。武汉东湖高新区发布了支持新能源智能网联汽车发展的 12 项政策，提出“光车联动”的总体思路，并为相关企业提供多方面的支持，最高可达2亿元，鼓励企业将总部落户光谷。陕西省制造强省建设领导小组办公室制定了《陕西省加快新能源与智能网联汽车产业发展行动方案（2024—2027年）》，明确了到2027年实现新能源汽车产业规模、质量、效益、竞争力全面突破的目标，力争将陕西打造成为全国新能源汽车产业的重要基地。四川省人民政府也出台了《支持新能源与智能网联汽车产业高质量发展若干政策措施》，推动全省规模以上工业企业的智能化改造和数字化转型全覆盖，打造一批智能网联汽车开放道路测试、商业化运营、换电模式及氢能多场景应用的标杆项目。

智能网联汽车作为一个高度跨界融合的新兴产业，其核心技术的突破面临诸多挑战。由于单一地区难以独立汇聚产业发展所需的全部资源与优势，容易造成资源分散、投资效率低下以及重复建设的问题。因此，各地在制定产业政策时，应充分结合自身现有的工业基础与特色，多维度协同发力，共同促进智能网联汽车产业链的优化和完善，确保资源的高效配置和产业的协同发展。

（二）技术创新

1. 核心技术组件的发展

电池、电机等核心技术的不断发展为智能网联汽车产业的快速崛起奠定了基础。电力驱动系统凭借其卓越的可控性和高效的响应速度，为自动驾驶、智能座舱等先进人工智能技术的应用提供了灵活而高效的支撑平台。

当前，动力电池的主流技术主要包括磷酸铁锂电池和三元锂电池。未来，随着半固态和固态电池的批量生产，这些新型电池有望显著提升能量密度，从而大幅增加电动汽车的续航里程。在基础设施方面，我国已建成全球覆盖范围最广、充电桩数量最多、服务车辆最全的充电网络。完善的充电基础设施不仅满足了车辆日常补能的需求，还为高精度地图数据和实时路况信息的收集提供了重要支持，为车辆与充电设施之间的互联互通奠定了基础。

电机系统作为智能电动汽车的核心组件，负责车辆的驱动与运动控制。目前，永磁同步电机被广泛应用于智能电动汽车，占比超过80%。永磁同步电机因其体积小、重量轻、功率密度高、调速精度高和响应速度快等优点，不仅提升了智能座舱的舒适性，还在紧急情况下提供了更快的响应能力，从而增强了驾驶的安全性。

此外，车载电机通过与车载智能系统的深度集成，实现了车辆行驶状态的实时监测和智能调节。通过与车载通信模块的协同工作，智能网联汽车能够实时获取外部环境的数据，包括路况信息和交通信号等，从而实现更加智能化的行驶决策。智能电机与通信技术的结合，不仅提升了车辆的安全性和舒适性，还推动了智能网联汽车行业的进一步发展。

2. 人工智能技术的发展

人工智能技术的发展显著提升了智能网联汽车的智能化水平，对智能网联汽车行业的发展起到了关键推动作用。通过对海量传感器数据的实时分析和处理，人工智能技术使车辆能够更精准地感知和理解周围环境，实现更高级别的自动驾驶功能。例如，大模型技术可以整合来自激光雷达、摄像头、超声波传感器等多种数据源的信息，形成高精度的环境感知能力，从而在复杂的道路环境中做出更加准确和安全的驾驶决策。此外，大模型还可以优化车辆的控制算法，从而提升动力性能、行驶稳定性和整体驾驶安全性。

以智能座舱为例，借助人工智能技术，智能座舱能够实现更加自然、流畅的人机交互体验。通过对用户语音、面部表情和其他生物特征的深度分析和理解，智能座舱能够主动识别并响应用户的个性化需求，如自动调节座椅位置、车内温度、音乐播放等。这样的技术不仅提升了驾驶的便利性和舒适性，还为用户提供了更具个性化的驾乘体验，使车辆真正成为智能移动空间。

此外，人工智能技术还赋能整个汽车产业链的协同发展。在自动驾驶技术的研发过程中，人工智能技术被广泛应用于自动驾驶系统的数据训练和处理。通过对海量驾驶数据的深度学习和优化，大模型技术等人工智能技术可以提升自动驾驶系统的性能、可靠性和安全性。此外，结合车联网技术，大模型技术还能够实现车辆与道路基础设施、交通管理中心等外部环境的实时通信和数据共享。这样一来，不仅可以优化交通流量、提升交通效率，还能支持基于全局数据的智能交通管理，实现更高效的城市交通运营。进一步地，人工智能的大模型技术与车联网、自动驾驶技术的深度融合，有助于构建一个更加完整、高效的汽车产业生态系统。这一生态系统不仅能够推动单车智能化，还能够促进多车协同和城市级别的智能交通管理，最终形成一个覆盖智能制造、智能交通、智能管理的综合智能网联汽车系统。

（三）需求和供给

1. 市场需求

当前，我国乘用车的智能驾驶渗透率已达到30%~50%，正处于从L2级别向L3级别过渡的阶段（智能驾驶等级划分见表1–6）。随着技术的逐步成熟、产品价格的逐步下降以及消费者对智能化驾驶体验需求的持续提升，智能驾驶功能正从豪华车型逐渐扩展到中低端车型，渗透率加速提升。2023年1月至6月，中国市场（不含进出口）前装标配L2及以上级别辅助驾驶功能的乘用车销量达324.4万辆，同比增长37.7%，保持了较高的增速。国家智能网联汽车创新中心的数据显示，2024年1月至5月，我国L2及以上级别自动驾驶的智能网联汽车渗透率已突破50%。

表1-6 中国智能驾驶等级划分

分级	名称	持续的车辆横向和纵向运动控制	目标和事件探测与响应	动态驾驶任务后援	设计运行范围
L0	应急辅助	驾驶员	驾驶员和系统	驾驶员	有限制
L1	部分驾驶辅助	驾驶员和系统	驾驶员和系统	驾驶员	有限制
L2	组合驾驶辅助	系统	驾驶员和系统	驾驶员	有限制
L3	有条件的自动驾驶	系统	驾驶员和系统	动态驾驶任务后援用户	有限制
L4	高度自动驾驶	系统	系统	系统	有限制
L5	完全自动驾驶	系统	系统	系统	有限制

资料来源：工业和信息化部、观研报告网。

此前，工业和信息化部发布的《智能网联汽车技术路线图2.0》明确提出，到2025年智能网联汽车的渗透率要达到50%，到2030年这一比例将超过70%。从当前的发展趋势来看，这一目标有望如期实现（见图1–4）。

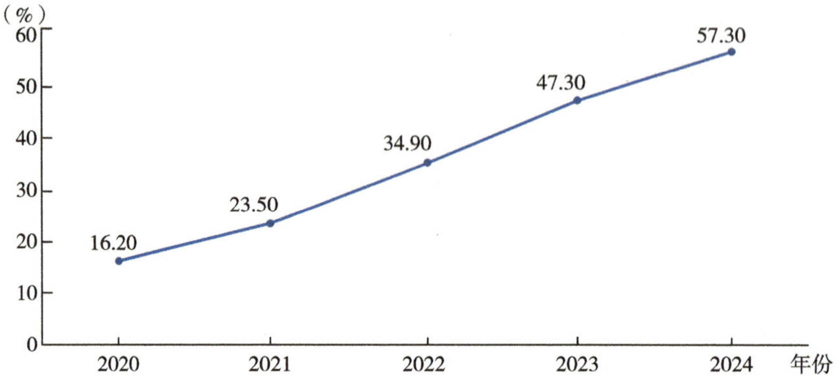

图 1-4　2020—2024 年中国智能网联汽车渗透率趋势

资料来源：工业和信息化部、国家智能网联汽车创新中心。

从消费者意愿来看，根据麦肯锡 2018 年调研数据（见图 1–5），中国智能网联汽车市场需求呈现出强劲的增长态势。近半数（49%）的中国消费者明确表示，全自动驾驶功能对他们而言“非常重要”，这一比例与认为它“可有可无”的消费者人数比例持平，凸显出我国市场对自动驾驶技术的高度认可和迫切期待。

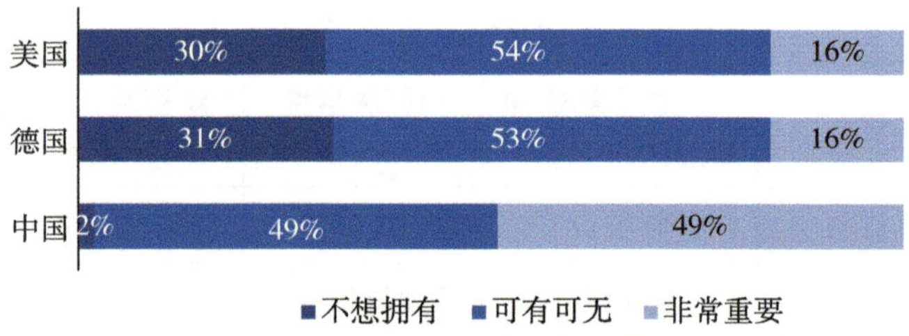

图 1-5　中美德消费者自动驾驶消费偏好

资料来源：麦肯锡。

需要说明的是，中国消费者展现出更高的支付意愿，愿意为配备自动驾驶功能的车辆支付高达 4600 美元的额外费用，远超美国的 3900 美元和德国的 2900 美元。这一数据不仅反映了中国消费者对智能网联汽车技术的强烈兴趣，也预示着我国智能网联汽车市场将迎来一轮由消费者需求驱动的高速增长期。

2. 产业链

我国在智能网联汽车领域取得了显著的技术创新与突破。例如，在自动驾驶领域，多家提供自动驾驶解决方案的企业已崭露头角，并通过多轮融资加速发展。此外，我国在车载雷达、高精度地图、车载芯片、通信终端、云平台等上游核心零部件领域具备较强的技术实力和市场份额。这些技术创新与突破为我国智能网联汽车产业链的完备性提供了坚实的技术支撑。

基于上述全产业链布局，智能化推动了产业链供应链的融合与二次创新。传统汽车供应链以直链条式上下游模式为主，上下游参与方之间博弈较强。以传统汽车座舱为例，车载信息娱乐系统（IVI）等的 Tier2 供应商①与汽车座舱成品的 Tier1 供应商呈现泾渭分明的上下游关系，彼此间存在定价博弈，争夺有限的利润空间。智能驾驶的兴起正在重构汽车产业链，主要参与者不断扩展业务边界，算法、芯片、操作系统（OS）等的 Tier2 供应商向 Tier1 领域进阶，整车厂则逐步将前端供应链纳入自身业务（见图 1-6）。例如，广汽自主研发的 ADiGO 智驾互联生态系统，打造了自动驾驶、智能互联、云平台和大数据平台四大系统。从零部件供应、整车制造到后市场服务的技术集成为人工智能技术的应用提供了坚实基础，加速了自动驾驶、智能座舱、车联网等创新功能与传统汽车制造的高效融合，推动了技术创新与产品迭代。

此外，我国智能网联汽车产业链的完备性还体现在试点示范与应用推广、人才聚集与知识共享两个方面。一方面，为加速智能网联汽车技术的商业化应用，我国政府积极推动智能网联汽车试点示范项目的建设。2024 年，工业和信息化部等五部门联合开展了智能网联汽车“车路云一体化”应用试点工作，这标志着我国智能网联汽车产业化进程迈出了实质性的一步。这些试点示范项目的建设，将有效推动智能网联汽车产业链上下游企业的协同发展和技术创新。

---

① 汽车供应链按照由低到高的零件、部件、系统的金字塔架构，划分为三级供应商：Tier3、Tier2、Tier1。其中 Tier1 供应商具备与整车厂联合研发的能力，Tier2、Tier3 供应商一般专注材料、生产工艺与降低成本等方面。

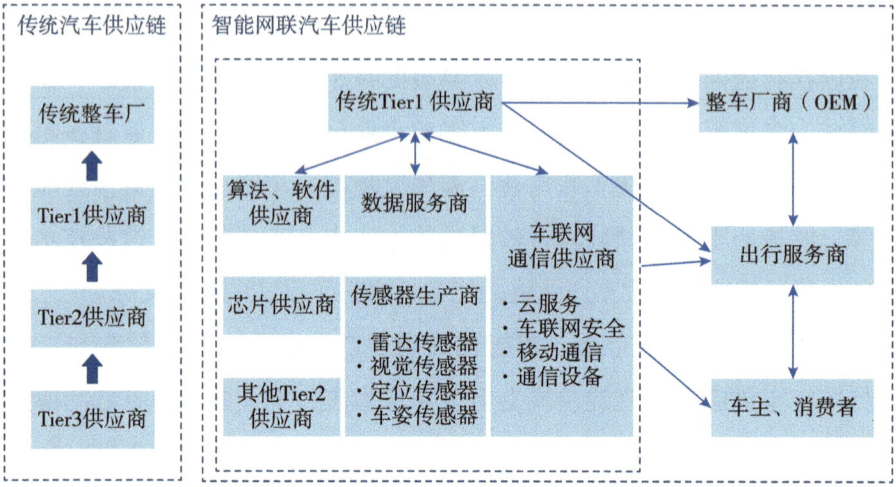

图 1-6 传统汽车与智能网联汽车供应链对比

资料来源：亿欧智库、华西证券研究所。

另一方面，随着 AI、5G、数字孪生等智能技术的迅猛发展，汽车工程学科的内涵正在发生深刻变革。这一变革不仅体现在技术体系从传统的机械工程向多学科交叉融合的转变，也反映在人才需求上，即由单一专业人才向复合型人才的转变。为了应对这一趋势，2023 年，清华大学率先在全国开设了智能电车一级学科，这一举措突破了过去车辆工程仅作为机械或交通学科下二级学科的局限，显示了我国对汽车智能化进程中人才需求的重视。根据统计，截至 2024 年，我国 407 家智能网联汽车零部件企业的从业人员总数已达 97.65 万人，其中研发人员占比近 33.2%（约 32.4 万人），进一步表明了行业对高素质复合型人才的迫切需求①。

三、“人工智能 + 汽车”的风险挑战

（一）技术路线选择不当

智能网联汽车目前有两种主要的技术路线：单车智能自动驾驶（AD）和车路云一体化。单车智能自动驾驶依靠车辆上安装的传感器来感知周围环境，并进行决策和执行，其核心技术是高级驾驶辅助系统（ADAS）②。ADAS 通过

① 资料来源：智能网联汽车零部件关键企业人才数据库。
② 资料来源：中银证券《智能网联汽车系列专题》。

多种传感器采集车辆周边数据，并将信息传送至软件系统进行分析和决策，控制车辆完成指定的驾驶动作。车路云一体化是指通过信息技术将车辆、道路基础设施以及云端大数据进行深度融合，构建一个智能化、信息化的交通系统。其目标是提升交通安全、效率和环保性，实现车辆、道路和云端的信息互联互通、协同感知、决策与控制，从而优化整个交通系统。

单车智能自动驾驶路线主要聚焦于车辆内部的智能化系统开发，包括自动驾驶算法、环境感知技术和路径规划等技术；车路云一体化路线则侧重于车与外部环境的互联互通。然而，这两条技术路线各有短板：单车智能自动驾驶依靠传感器感知周围环境，但受传感器感知范围限制，容易受到环境的影响；车路云一体化需要车辆与道路数据实时同步，通过实时交互来实现自动驾驶，但这依赖于大量的道路信息采集设备，铺设成本较高。

基于两条技术路线的差异化优势及短板，各国及相应车企之间形成了单车智能自动驾驶与车路云一体化的应用差异。对于智能网联汽车行业发展而言，技术路线不统一意味着不同厂商和系统之间可能存在技术壁垒，导致智能网联汽车难以实现真正的互联互通；不同系统之间所需的额外转换或适配，增加了资源成本。技术路线不统一还将进一步导致智能网联汽车行业出现碎片化现象，不同厂商和系统各自为政，难以形成统一的标准和生态体系，同时进一步加剧市场竞争的失衡。

对于行业内的主流厂商而言，技术路线选择不当将在无形中形成巨大的成本与风险：生产成本方面，技术路线选择不当可能导致车企在研发投入方面出现偏差，将资源投入到前景不明朗或市场需求有限的技术领域，从而造成资源浪费和研发效率低下，面临技术路线锁定的风险；盈利能力方面，车企选择的技术路线与消费者实际需求不匹配，可能会导致产品销量不佳，与别国法规要求间存在差异也会影响车辆的国际认证和出口能力。

（二）法规和管理体系不完善

目前我国的产业政策尚未明确智能网联汽车产业的发展目标，也没有明确我国在未来国际智能网联汽车产业链中的分工定位。目标不清晰可能导致资源配置的盲目性、技术创新方向的不确定性，以及在国际合作与竞争中处于被动局面。

产业政策的实施模式和手段尚不完善。智能网联汽车产业目前主要依赖选择性产业政策，通常采用直接税收优惠、财政补贴或贴息等短期激励措施。相比之下，功能性产业政策，即通过完善市场机制、优化创新环境和促进公平竞争等间接推动产业发展的政策，在我国智能网联汽车产业中还未得到充分应用。这种政策手段的不平衡可能削弱市场机制的自我调节作用，进而影响产业创新生态的健康发展。

产业政策的响应不及时。智能网联汽车涉及众多前沿技术，如自动驾驶、车联网、大数据、云计算等，这些技术的快速发展和广泛应用要求政策法规能够及时跟进，确保技术应用的合法性和安全性。然而，由于技术更新的速度较快，政策制定和调整往往滞后于技术的发展，这使得企业在技术创新和应用过程中可能面临法律和政策的不确定性，进而增加企业的运营风险和成本。

产业政策的制定机制存在不足。我国智能网联汽车产业政策由多个部门共同制定，包括国务院以及国家发展改革委、交通运输部等部门。多部门参与可能导致政策的泛化、碎片化，增加政策衔接上的难度。由于智能网联汽车是一个跨学科、跨行业的新兴领域，各部门在出台相关政策时需要充分协调和整合已有政策，否则政策的实施效果可能与最初设计的目标出现偏差，削弱政策的有效性。

（三）数据泄露与滥用

如前文所述，智能网联汽车作为车联网与智能技术的深度融合体，其核心在于依托现代通信与网络技术，促进车辆、人员、道路及后台之间的信息高效交互与共享。然而，这一进程中的关键环节——数据的生成与利用，正成为智能化发展道路上的双刃剑，其潜在风险不容忽视。随着汽车日益趋同于“高性能移动智能终端”，数据安全已成为汽车安全领域的新焦点，数据泄露与滥用成为前所未有的风险威胁。

具体而言，数据泄露与滥用引发的风险主要体现在三大层面：首先是行车安全风险加剧。智能网联特性为第三方非法入侵提供了途径，数据篡改可能导致车辆控制权旁落。其次是用户隐私安全岌岌可危。车载传感器持续收集的车内用户及车外行人信息，若保护不当，将直接侵犯个人隐私。最后是智能网联汽车广泛收集的路面及交通环境数据一旦外泄，将对国家安全构成重大威胁。

从数据类型剖析，汽车数据涵盖传统汽车数据、网联汽车数据及智能网联汽车数据三大类别（见图 1–7）。其中，网联汽车数据与智能网联汽车数据在现阶段高度重叠。其中的城市交通数据及用户个人数据价值最高，同时也是泄露风险最大、后果最为严重的部分。对于汽车制造商而言，智能网联汽车在云端、管道及终端面临的安全挑战错综复杂，具体表现为：终端类型繁复多样，车载系统安全漏洞频发；网络协议多样化增加了通信数据被攻击的风险；而广泛的应用场景则暴露出云平台安全防护的薄弱环节，进一步加剧了数据泄露与滥用的风险态势。

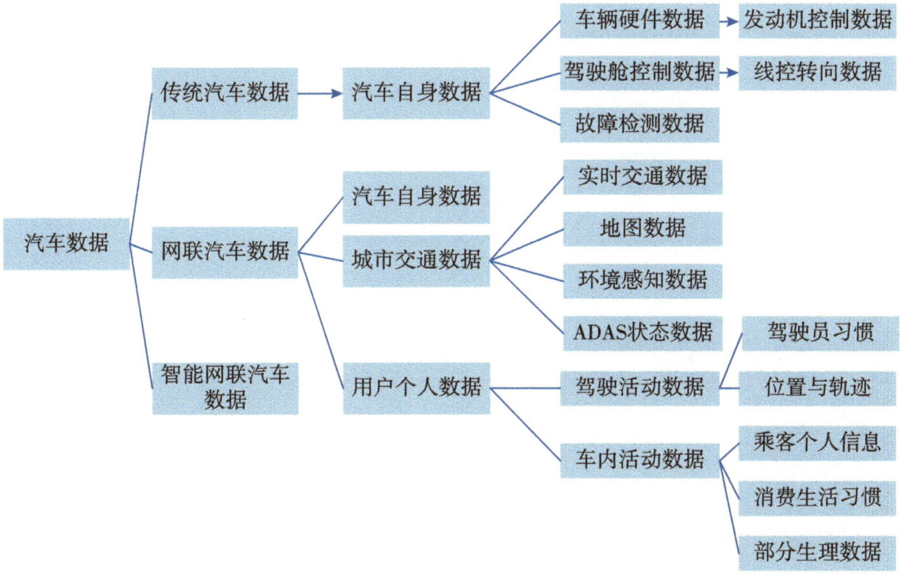

图 1–7 汽车数据主要类别与构成

资料来源：亿欧智库。

回顾全球范围内的智能网联汽车数据安全事件，包括多家知名汽车企业在内，智能网联汽车在终端、网络传输中及云端的安全漏洞频频暴露。从蔚来汽车数百万条数据遭窃并被公开兜售，到理想汽车在交通事故后未经用户同意私自公开车内视频，均显示出智能网联汽车产业在数据利用与安全保障方面仍有较大提升空间。调查显示，现阶段中国消费者对智能网联汽车厂商妥善保护个人敏感信息的能力信心不足，超过四成消费者表示完全没有信心或信心不足[①]。

① 资料来源：《环球时报》与 J.D.Power（君迪），《2022 中国消费者智能网联汽车数据安全和个人隐私意识与顾虑调查》。

第二章 “人工智能 + 汽车”的典型场景

一、智能出行

（一）智能出行的定义及发展历程

1. 智能出行的定义

智能出行指通过先进的信息通信技术、电子控制技术、数据通信技术等，将传统交通运输业与互联网深度融合，利用导航定位、高精度地图等技术，构建出行工具、道路和使用者之间的交互关系，从而实现交通系统各环节的智能化、网络化和集成化。智能出行的主要应用包括交通信息采集与传输、道路资源优化利用、智能交通信号控制、车辆导航与信息服务以及智能公共交通系统等方面。

当前，智能出行的分类主要有两种方式：一是根据适用场景分类，二是根据应用领域分类（见图 2-1）。根据适用场景，智能出行可分为城市智能出行和城际智能出行。城市智能出行侧重解决城市内部的交通问题，如公共交通和共享汽车等；城际智能出行则主要聚焦跨城交通问题，例如，高速公路上的智能驾驶等。根据应用领域，智能出行可以分为智能公交出行、智能地铁出行、智能汽车出行等不同形式。本节重点探讨智能网联汽车出行的应用形态。

2. 智能出行的发展历程

前沿技术的发展、政策支持和市场需求共同推动了智能出行的快速发展。在技术方面，5G、大数据和人工智能等新兴技术的应用为智能出行的落地提供了关键支撑。5G 网络以其高速传输、低延迟和高可靠性，确保了车联网通信和自动驾驶的即时响应；大数据与云计算为智能出行提供了强大的数据处理能力和实时路况更新支持，实现了对城市交通流量的精准预测，为出行规划提供了科学依据；人工智能算法通过深度学习了解用户的出行需求和行为模式，推动了自动驾驶技术的成熟与普及。

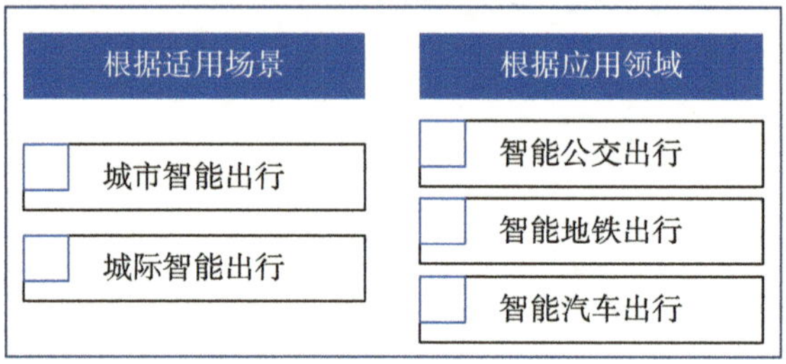

图 2-1　智能出行的分类

资料来源：作者整理。

在政策方面，国家相继出台了一系列政策和规划，旨在为智能出行领域提供有力的政策支持和明确的方向指引。在发展规划层面，发布了《“十四五”数字经济发展规划》《关于支持建设新一代人工智能示范应用场景的通知》《“数据要素 ×”三年行动计划（2024—2026 年）》等政策文件。在产业管理层面，推出了《智能网联汽车生产企业及产品准入管理指南（试行）》《自动驾驶汽车运输安全服务指南（试行）》等规范性文件，设定了无人驾驶汽车在市场准入、应用场景和安全保障等方面的严格标准。此外，政府还加大对基础设施建设的投资，满足智能出行对外部环境的高要求。

在市场需求方面，消费者对便捷、个性化、高效和安全出行方式的需求不断增长，推动了智能出行模式的创新和发展。同时，随着人们环保意识的增强，低碳出行越来越受到关注。智能出行通过优化交通资源配置，减少能源消耗和环境污染，契合了绿色出行的理念。

（二）智能出行的典型应用场景

1. 车辆导航与信息服务

智能出行的典型应用案例之一是车路协同系统。以“智行淄博”车路协同系统为例，该系统通过安装物联网信号机和交通信号数据采集器，并借助“物联网 + 移动互联网”技术，成功实现了人、车、路、交通信号之间的连接，实现了“感—联—算—控”一体化运作[①]。在道路通行态势预判和车速引导方面，该系统基于车辆的位置、速度、方向以及前方路口的信号灯方案，计算出车辆在绿灯时段到达前方路口的最佳速度范围，然后通过“智行淄博”App的语音提示和图像展示，将该信息传递给驾驶员，使其提前调整车速，确保在绿灯时顺利通过路口，从而优化通行效率并减少等待时间[②]。

该系统依托车路协同技术，能够精准配置不同路段和时段的绿波带，实现一键式遥感绿波提速服务。驾驶员只需设置信号周期、绿波时长、通行车速等参数，即可在物联网信号机控制的路段上享受连续绿波通行服务，最大限度减少交通延误。

在交通信息服务方面，该系统基于高德地图，将道路交通态势实时呈现在手机App中，便于驾驶员随时调整出行路线，快速、安全地行驶。这种实时提供的交通信息，使驾驶员能够做出更加合理的路线选择，避开拥堵路段，提高出行效率。

2. 智能公共交通系统

智能公共交通系统以乘客为中心，通过智能化调度、服务和管理，提升公共交通的运营效率和服务质量。现有的成功案例包括湖南省长沙市成功部署的基于蜂窝车联网（C-V2X）技术的智能公交示范项目，2021年已在315路、3路和9路智慧公交线路上实现商业化运营。其使用的智能公共交通系统集成了公交优先控制、交通信号灯透传等先进功能，每日可为大约3万名乘客提供便捷服务。公交优先场景2021年已覆盖2072辆公交车和全市76条公交线路，实现了规模化商业运营[③]。

在交通信号灯透传方面，智能网联公交车能够接收路侧设备广播的交通信号灯信息，并通过车尾显示屏实时展示，有效避免了公交车体遮挡导致的后车视线受阻问题。此外，在公交优先机制下，公交车可以向智能路口传输车辆实时位置、速度、载客量和准点情况等关键数据。基于这些数据，路侧

---

① 王敬东，白继农：《“数智”赋能让市民出行满意度更高》，《淄博日报》2023年5月11日。
② 《一路绿灯成常态，淄博在全国首创车路协同智慧交通系统》，澎湃新闻，2023年5月11日。
③ 《从智慧公交到无人驾驶出租车 “计算”力量改变传统出行》，湖南省人民政府门户网站，2022年11月3日。

智能计算设备动态生成公交信号优先方案，通过灵活调整红绿灯时长（如缩短红灯时间、延长绿灯时间）来确保公交车的优先通行。据统计，公交优先功能显著提升了线路运行效率，优先线路的通行效率提高了20%。截至2021年，该项目已累计为200万名市民提供出行服务，其中信号优先线路每天为约2万名市民的日常通勤提供便利。

3. 道路资源优化利用

人工智能通过实时监测、数据分析、智能控制及跨部门协作等技术手段，有效优化了道路资源利用，提升了交通效率和用户体验。为进一步改善芜湖城区的道路通行环境，提高主次干道的通行效率，安徽省芜湖市交警支队的“智慧交通”团队充分发挥SCTAS信号控制系统在调控和均衡城市交通负荷方面的作用，采用“以时间换空间”的方式，成功上线了8条“绿波干道”，其中包括长江路、神山路两条总长22.7公里的超长双向“绿波走廊”[①]。

“绿波干道”系统根据城区交通潮汐变化的规律，整合交警部门的卡口、车辆检测、线圈等前端感知设备数据与“互联网 + 交通”大数据，在不改变原有放行方式的前提下，通过优化路口配时和相位参数，减少双向停车次数和行程时间，提高通行效率，确保实现高峰时段通行效率提升、平峰时段“最多等一次”的目标。运行该系统后，芜湖市城区干道的通行能力显著提升。实地测试及交通大数据比对显示，平均车速提升了45.60%，区域拥堵指数下降了12.36%，停车次数减少了89.10%。此外，由于车辆行驶更加顺畅，怠速时间减少，尾气排放也得到有效控制，进一步改善了城市空气质量。

（三）智能出行的未来发展趋势

1. 车联网与车路协同

车联网是一种通过无线通信技术将车辆与周围环境紧密连接的技术，包括车辆与其他车辆、道路设施、行人甚至云端平台的互联互通，构建出一个高度智能化的交通网络（见图2-2）。它通过多种通信模式[如车与车（V2V）、车与基础设施（V2I）、车与行人（V2P）、车与网络（V2N）等]实

① 《芜湖新增两条双向“绿波走廊”》，芜湖市人民政府门户网站，2023年7月28日。

现实时信息共享和交互。车联网技术的应用能够显著提升行车安全，缓解交通拥堵，并优化出行效率。

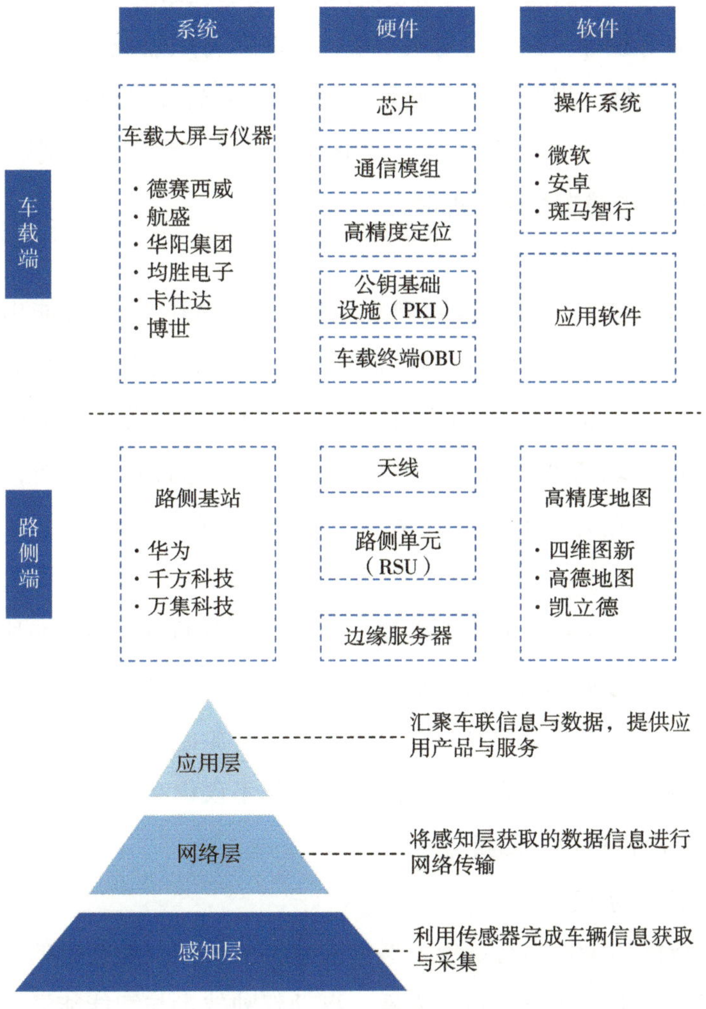

图 2-2 车联网多端构成

资料来源：作者整理。

车路协同，作为车联网的一种深入应用，着重于车辆与道路设施之间的深度协作。除了车辆之间的信息互通，车路协同还与交通信号灯、路标等设施形成双向信息交流，构建一个高效、响应迅速的道路交通环境。例如，车辆在接近红灯时，会接收到来自基础设施的提示信息，从而提前调整行驶状态，进一步优化行驶效率。

基于车联网和车路协同的智能出行将大大拓展应用场景。在车辆端，车联网将助力 L2/L2+、L3/L4 级别智能网联汽车，通过车路云一体化提升车辆的智能化水平，并在特定场景下推动高等级自动驾驶的应用，如港口自动驾驶、矿山自动驾驶等。在交通与城市端，车联网将赋能交通管理、城市出行和物流运输等领域，提升城市交通管理的效率和出行的便捷性。同时，车联网技术还将推动现有停车产业的数字化改造，盘活车位资源，缓解“停车难”的问题，增强城市静态交通治理能力。

2. 大数据解决方案

随着大数据技术的日益成熟和应用场景的不断扩展，智能出行正在逐步构建以数据为核心驱动的新型出行生态系统。大数据技术能够深度挖掘出行数据中的价值信息，如用户出行习惯、交通流量分布、道路拥堵情况等，帮助企业实现精准的市场预测和资源配置。通过数据分析，企业可以优化出行路线、提升车辆调度效率，并改善用户的出行体验，从而增强市场竞争力。

随着智慧出行大数据的不断丰富，其在跨行业的数据共享与协同上的优势也逐渐显现。例如，城市规划部门可以与出行企业共享交通流量数据，优化城市交通布局；旅游行业可以与出行企业共享旅游资源信息，提供一站式的出行和旅游服务。跨行业的数据共享与协作不仅提高了数据资源的利用效率，还推动了出行行业的创新与发展。

3. 绿色出行系统

智能出行推动绿色出行系统发展的方式，主要体现在技术的深度融合与系统的全面构建上。从技术角度来看，自动驾驶技术与智能能源管理系统的结合将带来革命性变革。这种融合不仅可以实现行驶路径和动力控制的精准优化，还能够实时监测、分析并优化车载能源系统，从而使能源的利用效率最大化。这意味着未来的车辆将更加智能地规划行驶路线，避免拥堵和无效行驶，在动力控制上实现更精细的管理，减少能源浪费。

此外，智能交通系统的建设以及新能源汽车的普及与智能化也是推动绿色出行的重要力量。智能交通系统通过综合优化基础设施、运输工具等，有效提升出行效率，减少交通拥堵与排放。与此同时，新能源汽车的普及和智能化进一步提高了能源利用效率，降低了对化石燃料的依赖。智能化技术在新能源汽车中的应用，如智能驾驶辅助系统和智能能源管理系统，使新能源汽车在性能、续航和舒适性等方面取得了显著进步。

二、智能商用物流

（一）智能商用物流的定义及发展历程

1. 智能商用物流的定义

智能商用物流指依托物联网、人工智能、区块链等底层技术，对商用物流中的运输、仓储、配送、信息处理等环节进行智能化管理与优化，旨在实现物流过程的高效、精准和可追溯，从而逐步形成相对完整的智慧物流闭环。智能商用物流不仅关注物流作业的自动化与智能化，还特别强调物流系统与商务系统、信息系统之间的无缝对接与协同，以支持企业的整体商务战略。

在这一背景下，自动驾驶重卡、智能网联集装箱运输车、无人配送车、无人零售车以及移动货仓等智能网联汽车产品，构成了智能商用物流的核心运力支撑。这些产品不仅显著提高了港口枢纽和高速干线等关键区域的物流转运效率，也在城市“最后一公里”配送中大幅降低了人力成本，展现了其应用价值。

2. 智能商用物流的发展历程

中国智能商用物流的发展历程可分为四个阶段：传统机械化阶段、物流自动化阶段、智能物流初级阶段和智慧物流阶段（见图 2–3）。

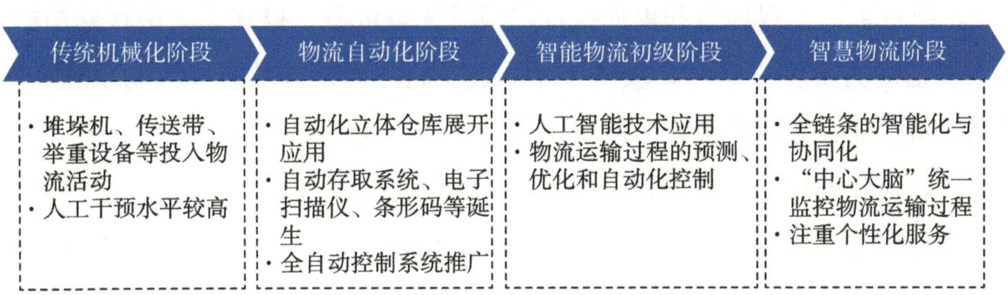

图 2–3　中国智能商用物流发展历程

资料来源：作者整理。

传统机械化阶段：物流运输从“纯人力”供应链向机械设备支持过渡，堆垛机、传送带、举重设备等工具相继被发明并投入使用，但计算机技术尚未广泛应用于物流管理，人工干预仍占主导地位。

物流自动化阶段：自动化立体仓库逐步投入使用，自动导引运输车（AGV）技术以及一系列物流管理系统逐渐成熟，自动存取系统、电子扫描仪、条形码等开始普及，全自动控制系统也得到广泛应用，极大地提升了物流作业效率。

智能物流初级阶段：人工智能技术逐步融入物流运输，推动了物流过程的智能化和自主化。通过大数据分析和机器学习技术，物流企业可以对运输过程进行预测、优化和自动化控制。例如，智能仓储系统能够自动分类、存储和检索货物，智能分拣系统则可以高效、精准地完成包裹的分拣工作。

智慧物流阶段：该阶段强调物流全链条的智能化和协同化，通过“中心大脑”实时监控物流过程，优化运输路线、时间和成本，从而提升整体运输效率和服务质量。此外，智慧物流将更加注重个性化服务，依据客户需求提供定制化的物流解决方案。

（二）智能商用物流的典型应用案例

1. 智能仓储

智能商用物流的重要应用之一是智能仓储，它通过先进的智能化系统，实现仓库管理和物流运作的高效化。一汽弗迪自动化立体仓库项目是由一汽集团与弗迪电池共同打造的，旨在解决新能源汽车电池包（PACK）和结构件的自动存储与配送问题，构建数字化、智能化和物流自动化的完整生产系统[①]。项目采用了双伸位和单伸位堆垛机等先进设备，搭建了多层存储结构，确保货物的高密度存储与高效出入库作业。仓库内配备的智能控制系统和物联网设备，能够实时监控仓库环境和货物状态，提升管理精度。

在物流作业中，一汽弗迪引入了无人驾驶搬运车（如 AGV 叉车）等智能网联汽车设备。这些设备通过激光雷达等多种传感器，结合自动化系统，实现货物的自主搬运和精准定位。它们可以根据系统指令，自主导航、避障，并执行货物搬运任务，大幅提高了物流作业的效率和安全性。此外，项目中

① 《一汽弗迪自动化立体仓库项目》，浙江华工赛百网，2023 年 11 月 28 日。

的仓库管理系统（WMS）和仓库控制系统（WCS）与工厂级WMS、质量管理系统（QMS）等系统无缝集成，实现了信息的互联互通和全厂物流的整体调度。通过智能算法对物流路径和资源进行优化，进一步提高了整体物流流程的效率。

2. 智能物流管理

智能物流管理系统通过自动化订单处理、高效运输调度、精准仓储管理、数据分析决策支持及供应链协同，全面提升物流效率和响应速度。重庆市依托飞力达物流仓储企业，与旭硕、纬创等6家生产企业合作，建成了全国首个商业化L4+I4级[①]车路协同自动驾驶智慧物流配送系统，构建了一个生产企业零库存、零周转、自动化调度的一体化物流运输新模式[②③]。

该项目通过搭建云控平台、改装L4级智能网联物流车辆、建设支持无人驾驶的5G专网、建设I4级全域感知智慧道路，并打造近源安全能力池，覆盖了智慧泊车、货台对接、协同AGV自动装卸、绿波通行、自动闸机、借道超车预警、超视距感知和盲区检测等八大智慧物流场景。项目运行后，园区的操作效率提升了30%，操作准确度达到了100%，客户的库存周转率提高了20%。

（三）智能商用物流的未来发展趋势

1. 智能供应链

智能网联汽车通过集成先进的传感器、控制器、执行机构以及车载通信系统，实现了车辆与供应链各环节的深度互联与高效协同。

在智能供应链的原材料采购与生产制造环节，智能网联汽车能够实时传输车辆位置、货物状态、运输环境等关键数据，为供应链管理系统提供精准的信息输入。这不仅能帮助企业实现原材料库存的精准管理，还能优化生产计划与排程，减少库存积压与浪费。此外，智能网联汽车可根据生产需求灵

---

① L4指L4级自动驾驶。I4代表I4级智慧道路。

② 姜浩楠:《重庆飞力达自动化仓库技术支持的库存管理模式研究》，桂林理工大学，2021年。

③《“发展无人网约车、自动驾驶，打造智慧交通系统，重庆布局车联网产业——“聪明车”驶上“智慧路”》，中国日报网，2023年4月20日。

活调整运输路线与时间，确保原材料和零部件的及时供应，进而提高生产效率与响应速度。

在物流配送与终端销售环节，智能网联汽车能够自主规划最优路径，避开拥堵和事故区域，确保货物迅速、安全地抵达下游企业。这些智能车辆与智能仓储及分拣系统无缝对接，自动完成货物的装卸与分拣工作，极大地提升了物流配送的效率与准确性。同时，在终端销售方面，智能网联汽车为消费者提供便捷的取货与送货服务，提升了客户的满意度和忠诚度。

此外，智能网联汽车在供应链协同优化和风险预警中也发挥了重要作用。它们能够实时共享车辆和货物的位置信息与状态，促进供应链各节点的紧密合作与高效协同。同时，借助大数据分析与 AI 预测技术，智能网联汽车能够提前识别供应链中的潜在风险与异常情况，为企业制定应对策略提供支持，确保供应链的稳定运行与可持续发展。

2. 智能物流平台

智能物流平台作为联结物流行业各参与方的枢纽，旨在整合广泛的物流资源，提供一站式的综合物流解决方案，以推动行业创新与升级。其核心优势在于高度的开放性与互动性，平台能够确保不同系统和设备之间的无缝连接，促进数据的高效流通与共享，从而显著降低物流企业接入平台的难度。通过提供一体化的公共信息服务，平台有效提升了多式联运的效率，开辟了高频次、高质量、高效率的物流运输新模式。

具体而言，平台融合了多渠道的业务数据和前沿的信息技术，能够根据客户的需求，提供个性化和定制化的物流解决方案，充分满足市场的多元化需求。

此外，平台还注重物流生态化和商业化的发展，致力于打造一个涵盖物流服务商、技术供应商、金融机构等多方参与者的物流生态系统。通过集成报关、订舱、公路运输、仓储管理、海运、空运、车辆后市场服务及金融保险等多元化功能，平台构建了一个全方位的供应链物流“商城”，实现从源头到终端的全链条服务覆盖。

三、智能交通治理

（一）智能交通治理的定义及发展历程

1. 智能交通治理的定义

智能交通治理指通过现代信息技术，尤其是人工智能、大数据、云计算等先进技术，深度融合于交通运输领域，形成的一种创新型交通管理与服务模式。该模式通过全面采集、整合和分析交通流、车辆行为、道路状况、乘客需求等多维度数据，实现对城市交通系统的实时监测、动态预测和智能决策。

具体而言，智能交通治理不仅致力于提升城市战略发展与交通系统的协同性，还通过精准的功能定位、科学的城市规模与结构规划、准确的交通需求评估以及完善的公共交通网络布局，减少不必要的交通需求，缓解城市交通压力。此外，智能交通治理强调交通规划与土地利用的紧密结合，通过多中心发展、合理规划功能组团及控制土地利用强度，降低交通流量集中度，提升交通网络的均衡性。

智能交通治理还涉及城市交通的全面优化，包括合理规划道路网络布局、推动综合交通枢纽发展、基于大数据与人工智能制定私人车辆行驶政策，以及提升智能监控、组织与管理水平。其核心目标是通过技术手段提高道路使用效率，构建更加高效、可持续的交通系统。

2. 智能交通治理的发展历程

智能交通治理的概念与实践在全球范围内已有数十年的发展历史，尤其是在经济发达、技术先进的国家和地区，如美国、欧洲和日本，这些地区拥有相对成熟的交通基础设施，为智能交通系统的建设奠定了坚实的基础（见图 2-4）。随着技术的不断进步，特别是人工智能、大数据和云计算等技术的广泛应用，智能交通治理进入了一个新的发展阶段。以车联网技术为核心，汽车产品与交通系统的运营环境深度融合，车路协同显著提高了车辆行驶效率。各国政府也相继出台政策法规，支持和推动智能交通系统的广泛应用。

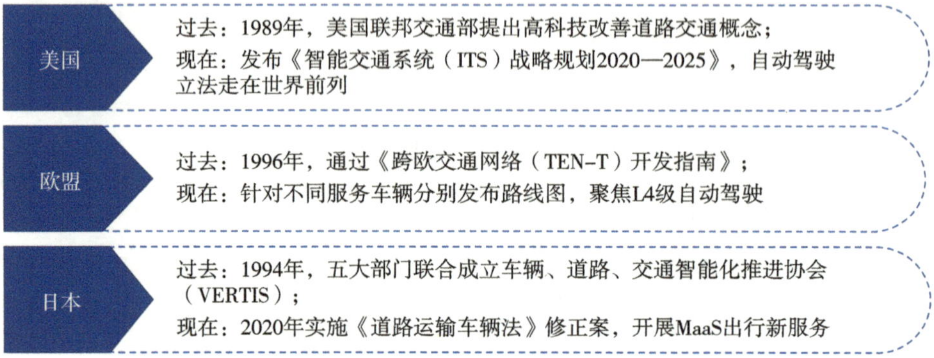

图 2-4 美国、欧盟、日本智能交通治理主要行动

资料来源：作者整理。

中国的智能交通发展经历了多个阶段：从初期起步、技术开发与小型示范，逐步迈向集成应用示范，再到新一代智能交通技术的开发。2021 年 2 月，中共中央、国务院发布了《国家综合立体交通网规划纲要》，明确提出要推进交通基础设施的数字化与网联化，推动智能网联汽车与智慧城市的协同发展。该纲要强调构建城市道路、建筑和公共设施的融合感知体系，打造基于城市信息模型平台、集城市动态与静态数据于一体的智慧出行平台，进一步推动中国智能交通的创新与实践。

（二）智能交通治理的典型应用案例

1. 智慧交通

智慧交通是智能交通治理的一个重要应用方向，广州市黄埔区在这一领域取得了显著成果，成功开发了智慧路口信号调控与交通运行深度分析等一系列创新应用[①]。2020 年 8 月，广州市黄埔区广州开发区与百度 Apollo 就“面向自动驾驶与车路协同的智慧交通‘新基建’项目”达成合作，总额达 4.6 亿元。该项目通过构建基于 C-V2X 技术的路侧感知体系，对现有的交通信号控制系统进行了全面升级，并巧妙地将车联网这一新型基础设施与交警部门的现有信息系统无缝融合，实现了数据接口的全面对接。在此基础上，建立了

① 《13 分钟可达！科学城至知识城快速通道（南段）动工》，广州市黄埔区人民政府门户网站，2023 年 3 月 31 日。

一个精细化的交通管理框架和智能化的交通辅助决策支持系统，具备车道级别的实时数据分析、研判预测及优化控制能力。

特别是在交通信号精准调控方面，该系统能够灵活管理路口的配时方案，对路口及干线的优化策略进行动态调整，并与信号控制中心保持实时通信，确保从策略制定到执行的全链条高效闭环。此外，该系统还具备区域拥堵深度分析、重点道路拥堵监测、路口拥堵历史回顾、道路拥堵事件筛选查看、拥堵警情黑点识别等多重功能。

该项目已在黄埔区的科学城、知识城等核心区域的 32 个关键路口进行部署，覆盖比例达 57%。自实施以来，项目成效显著，不仅大幅减少了绿灯空放现象，有效缩短了车辆的等待时间，避免了无车通行时绿灯空放的资源浪费，同时还能根据不同交通状况，实现主车流方向的连续通行或极少停车，即所谓的绿波车速引导。统计数据显示，项目部署区域内的车辆通过路口的平均延误时间减少了约 20%，绿灯空放率降低了约 21%。

2. 智慧治理

智慧治理，又称“城市大脑”，通过实时汇聚、监测、治理和分析城市全域运行数据，全面感知城市“生命体征”，辅助宏观决策指挥，预测预警重大事件，配置优化公共资源，保障城市安全有序运行。杭州的“城市大脑”项目，其初始构想源自对城市交通拥堵问题的深刻洞察。自 2016 年 4 月起，该项目选取交通领域作为切入点，巧妙融合大数据技术以优化交通状况。该项目通过整合人、车、道路等多源数据，运用先进的人工智能分析技术，将这些海量数据精炼成科学的业务模型，从而构建起一幅实时反映城市交通动态的宏观图景，实现了城市交通系统的精准调度与高效管理。例如，它能为驾驶者即时提供周边停车位信息及最优行驶路线，有效缓解道路拥堵；创新地引入了 AI 机器巡逻系统，能够自动识别交通拥堵、机动车事故、非机动车违规及行人乱穿马路等多种交通事件，并在 20 秒内迅速触发报警机制。得益于“城市大脑”的部署，杭州的交通拥堵状况显著改善，年度排名由 2014 年的全国第 3 位下降至 2021 年的第 34 位。

2018 年 5 月，杭州市政府正式发布了《杭州市城市数据大脑规划》，标志着“城市大脑”的应用范围从单一的交通治理向全面的城市管理和市民服务领域拓展。这一平台化的人工智能项目，通过整合政务服务、公共安全、环境保护等多个维度的数据资源，构建起一个全方位的城市治理框架，实现了城市“生命体征”的实时监测、公共资源的智能配置、宏观决策的快速响应、公共事件的精准预测预警以及“城市病”的有效治理等功能。

截至2020年，杭州“城市大脑”项目已成功部署了多项便捷服务，包括车主离场后付费的便捷泊车、救护车一键护航、非“浙A”车牌紧急通行，以及舒心就医、30秒酒店入住、20秒景区入园等应用场景，不仅极大地提升了市民的生活质量，也为城市管理者提供了全面而智能的决策支持，有力推动了城市治理模式的创新与整体运行效率的飞跃。2024年，杭州提出健全城市大脑2.0“智能中枢”，按照“三个一网”体系架构，推动“一网通办”“一网统管”“一网共治”全面提升，实现城市大脑2.0运行一屏掌控，为城市治理和便民服务带来更多可能。

（三）智能交通治理的未来发展趋势

1. 智能交通基础设施

智慧交通体系需要交通领域各要素，包括交通基础设施、交通工具、交通运营管理等的协同发展，而基础设施是构建智慧交通体系的核心基础。未来，推动泛在感知设施、先进传输网络和北斗时空信息服务在交通运输行业的深度覆盖至关重要，智慧铁路、智能公路、智慧航道、智慧民航等也将逐步应用，并实现多场景的一体化调控。

此外，交通基础设施的智慧化是基于动态感知数据，通过智能算法进行决策的过程。对交通流量、环境等的动态的实时感知是支撑智慧交通基础设施发展的关键。《数字交通“十四五”发展规划》指出，我国当前存在“数据基础依然薄弱，数据采集能力难以满足发展需求，动态感知的范围较窄、深度不够”的问题。要实现智慧化，首先需要完成数字化的升级改造，打造全面的感知系统。当前，智慧交通基础设施在数字化升级过程中依然存在显著的“余缺并存”现象，即部分数据要素的感知和采集能力不足，成为智慧化发展的瓶颈。未来，各行业将从标准和体系建设入手，建立全要素数据辞典，明确全要素数据采集范围，规范数据采集精度，确保数据的实时性，通过推动“标准＋应用”的示范项目落地，系统性开展交通基础设施的数字化和智慧化提升。

2. 智能交通系统

智能交通系统（Intelligent Traffic System，ITS）是在国家智能交通系统框架的指导下，致力于构建“高效、安全、环保、舒适、文明”的智慧交通与运输体系的系统。该系统的核心功能包括自主分析数据、信息发布以及数据的自动采集等。

在功能模块方面，ITS 由多个先进且相互协同的子系统组成。前沿的出行者信息系统（ATIS）为公众提供实时、准确的交通信息，帮助出行者做出更为合理的出行决策；前沿的交通管理系统（ATMS）通过集成化的监控和管理手段，为交通管理部门和驾驶员提供道路实时疏导、控制以及突发事件应急反应的能力；前沿的公共交通系统（APTS）利用智能技术促进公共运输业的发展，包括公共车辆定位系统和客运量自动检测系统等；前沿的车辆控制系统（AVCS）则通过智能化的车辆管理和控制技术，提高车辆行驶的安全性和效率。

此外，ITS 还包含了商用车运营管理系统、前沿的乡村运输系统和自动驾驶公路系统等重要模块。商用车运营管理系统旨在提升商用车队的运营效率和管理水平；前沿的乡村运输系统则致力于解决乡村地区的交通难题，推动城乡交通一体化发展；自动驾驶公路系统代表了未来交通的发展方向，通过高度自动化的驾驶技术与智能交通基础设施的深度融合，实现更安全高效的公路运输。

四、智能销售终端

（一）智能销售终端的定义及发展历程

1. 智能销售终端的定义

智能销售终端指企业通过搭载操作系统的智能硬件设备，在特定的物理或虚拟空间中，利用一系列精心设计的营销策略和手段，向消费者展示产品功能、特性和优势，从而促进购买转化和提升用户体验的场景。智能销售终端不仅具备商品展示、价格查询、支付结算等传统交易功能，还能够通过智能技术实现线上线下的无缝融合，完成消费者行为分析、个性化推荐、库存管理优化等高级功能。通过这些功能，智能销售终端不仅提升了销售效率，改善了消费者的购物体验，还为商家提供了有价值的数据支持，帮助其做出更精准的决策。

2. 智能销售终端的发展历程

智能销售终端的发展经历了一系列变革。早期，随着智能手机、平板电脑等智能终端的兴起，销售场景主要集中在线下实体店铺，依靠简单的产品展示和销售人员的口头讲解来介绍产品。随着技术的进步和市场的成熟，销售场景逐渐丰富，店铺内设立了专门的体验区和互动展示区，开始注重用户的互动性和体验感。

近年来，随着互联网技术和电商平台的蓬勃发展，智能销售终端实现了线上线下的融合，消费者可以通过线上渠道了解产品信息，并在线下实地体验和购买。未来，随着人工智能、物联网等技术的进一步发展与应用，智能销售终端将更加注重智能化和场景化展示。

（二）智能销售终端的典型应用案例

1. 智能营销解决方案

随着智能网联汽车的发展，传统营销渠道因难以适应智能化需求，已成为制约该领域市场覆盖与推广效果的因素之一。汽车行业正面临从 B 端向 C 端转型的重大挑战：智能网联汽车的消费群体日益年轻化、个性化，若车企继续沿用粗放式营销策略，容易导致营销资源的无效浪费；同时，传统营销模式下，门店运营与用户实际体验脱节，导致用户在不同渠道间的体验缺乏连贯性。

华为云凭借在大数据、人工智能及云计算领域的深厚积累，为车企量身打造了全面的数字化营销方案[①]。通过一体化身份认证（OneID）技术，华为云实现了全链路数据的无缝对接，结合先进的大模型 AI 技术，精准定位目标人

① 资料来源：华为云官网。

群，推动用户分层管理的精细化，帮助车企深入洞察潜在客户，进而在广告投放与私域营销中实施更为精准的营销策略。针对应用开发流程烦琐、活动上线缓慢等问题，华为云的平台即服务（PaaS）云服务提供了从开发到发布的全方位支持，结合高效的应用性能管理与调用链分析，大幅缩短了开发周期。此外，通过云边端协同技术，华为云帮助车企打通线上线下的数据壁垒，显著提升用户的数字化体验，成功解决了传统营销模式下门店运营与用户体验不一致、跨渠道体验割裂的问题。

2. 智慧运营解决方案

智能网联汽车行业因造车新势力的加入，打破了传统跨界界限，借鉴了大量互联网行业的运营理念与技巧。随着首购人群的减少、换购用户的持续增加，以及用户在私域活动中的时间占比不断提升，车企传统的站外投放获客模式亟待变革，私域运营体系也需重塑为互联网化运营模式。

为应对这一“留客”挑战，长安汽车与百度智能云强强联手，共同打造了高水平的智能计算中心。依托百度智能云的领先技术，长安汽车成功搭建了智能车联网平台。该平台不仅能够实时监测车辆状态，包括行驶数据、车辆健康等信息，还具备预警功能，在潜在故障发生前提醒用户，有效避免突发状况。平台内置智能客服功能，用户可通过车载系统或手机 App 轻松联系客服，快速解决使用中的问题。值得一提的是，借助大数据分析和机器学习算法，平台能够预测车辆可能出现的故障，并提前通知用户进行保养或维修，从而有效减少不便和额外成本。

此外，该平台收集用户在购车、用车、售后等环节的各类数据，形成完整的用户画像。平台还通过自动化处理大量重复性工作，如客户咨询、订单处理和售后服务，解放人力资源，聚焦于更具价值的服务和创新工作。

（三）智能销售终端的未来发展趋势

1. 大模型技术的应用

随着人工智能技术的不断发展，大模型技术在智能销售终端领域的应用正在逐步扩展和深化。面对日益激烈的汽车市场竞争和消费者需求的多元化趋势，大模型技术凭借其强大的数据处理能力和高任务执行效率，紧密结合实际业务场景，为销售顾问提供了有力支持，不仅能有效引导消费者，还能即时、精准地回应其各类问题，大幅提升了智能销售终端的智能化水平和处理能力。

例如，作为销售辅助工具，经过深度训练的大模型赋予智能销售终端强大的实时对话能力，使销售人员能够突破时空限制，高效、迅速地完成日常工作。这涵盖了从实时建立客户资料、提供对话辅助、制定动态跟进策略到虚拟实战演练等多种业务场景。此外，大模型技术还赋能智能销售终端，使其能够整合并掌握自家产品及竞品的深度知识库，并紧跟市场趋势，深入理解客户需求，优化销售策略布局，实现对消费者行为的精细化分析和个性化推荐的精准实施。

2. 智能营销生态系统

未来，智能销售终端将逐步融入智能营销生态系统，与线上平台、社交媒体、物联网设备等多渠道实现深度融合。通过构建这一生态系统，车企能够更加全面地洞察消费者的需求与偏好，实现线上线下的无缝衔接和全渠道营销，从而更加精准地满足个性化需求。

智能营销生态系统还将为车企和经销商提供丰富多样的营销工具和创新手段。例如，虚拟现实试车技术可以让消费者在虚拟环境中身临其境地体验车辆性能；智能导购系统则能够根据个人喜好和需求，为消费者提供量身定制的购车建议。这些创新将大大提升消费者的购车体验与满意度，进而增强品牌忠诚度。

此外，智能营销生态系统具备强大的数据共享与协同能力，能够促进不同部门和业务线之间的数据流通和整合，提供统一的数据视图，支持高效的数据分析和决策。这不仅有助于提高运营效率、减少资源浪费，还能使车企灵活应对市场变化，制定出更精准的营销策略。

第三章 “人工智能 + 汽车”的技术要素

一、“人工智能 + 汽车”的技术层次与类别

（一）“人工智能 + 汽车”常见技术应用模型及层次逻辑

“人工智能 + 汽车”领域常见的技术应用模型为人工智能堆栈模型（AI Stack Model）、自动驾驶汽车的六级别模型、大陆汽车边缘计算模型、面向数字体验和服务的汽车技术栈模型以及软件定义车辆的技术层模型。本节对这些技术模型进行概述。

1. 人工智能堆栈模型

人工智能堆栈模型是由卡内基梅隆大学的 Andrew Moore、Martial Hebert、Shane Shaneman 提出的[①]。该模型主张人工智能不是单一的软件，而是包含一系列相互关联的技术模块的巨大集合。这个集合被称为人工智能技术栈。人工智能堆栈模型将人工智能系统分为如图 3-1 所示的十个层次。

运算层：运算层是整个人工智能体系的基础，包括实现人工智能所需的操作系统、网络、编程语言等；

设备层：设备层由传感器等硬件组成，使机器能够感知物理世界并与其互动；

大规模数据管理层：大规模数据管理层包括用于收集和处理海量数据的数据管理软件，确保数据的可访问性并从中提取有用信息；

机器学习层：机器学习层专注于创建机器学习算法，使人工智能系统能够从数据和经验中学习；

建模层：建模层依靠计算机模型构建、操纵现实情境和自然现象的抽象

① 详见文章 The AI stack: A blueprint for developing and deploying artificial intelligence。

表示，帮助人工智能系统理解复杂信息；

决策支持层：该层的技术帮助人类在决策过程中分析数据并提出最佳行动建议；

规划与行动层：该层使用优化算法和战略推理来进行智能决策并执行任务；

人与人工智能交互层：该层关注人与人工智能系统的互动，包括机械手臂等人机接口技术；

自主层：该层为堆栈的顶层，专注于能够在没有人类干预的情况下做出决策的人工智能技术；

伦理层：该层虽然在技术架构中不作为一个独立的层次，而是贯穿于整个人工智能技术栈，但是其在抽象级别上居于人工智能技术栈的顶端，从人类社会的宏观层面考察并指导人工智能技术的开发、部署和使用。

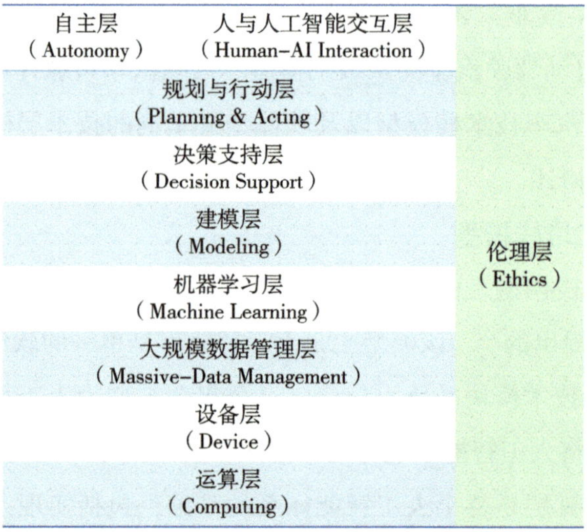

图 3-1 人工智能堆栈模型

资料来源：作者整理。

2. 自动驾驶汽车的六级别模型

自动驾驶汽车的分级模型由国际自动机工程师学会（SAE International）提出，旨在为车辆所具备的自动化驾驶功能提供一致且标准化的描述[1]。这一模型将自动驾驶技术的发展划分为六个等级，分别从 0 级的“无自动驾驶”

① 资料来源：Taxonomy and Definitions for Terms Related to Driving Automation Systems for On-Road Motor Vehicles。

到 5 级的“完全自动驾驶”。随着级别的提高，自动驾驶系统对车辆控制的参与度逐步增强，人类驾驶员的干预则逐渐减少。自动驾驶汽车的六级别模型不仅明确了在不同级别下人类驾驶员的角色定位，还为相关法律法规和政策的制定提供了依据。同时，该模型为自动驾驶技术的发展设立了标准框架，有助于行业内外的沟通与协作。

3. 大陆汽车边缘计算模型

大陆汽车边缘计算模型（CAEdge）由大陆集团（Continental）与亚马逊云科技（AWS）共同提出。该模型整合车辆数据、高性能计算（HPC）与云服务，为车载软件平台提供仿真验证数据，并引入全生命周期 DevOps 工作台，优化开发运维流程（见图 3–2），主要服务于汽车制造商及供应链伙伴，以应对技术快速迭代与产能不确定的挑战。面对自动驾驶汽车（AV）/ 高级驾驶辅助系统测试产生的海量数据所带来的挑战，CAEdge 通过模块化云服务，连接运算层与设备层数据，解决了管理分散、成本高、开发复杂等问题，并缩短了开发周期。同时，该模型强调数据安全，包括加密、驻留与访问控制，确保敏感数据在分布式环境中的安全流转。

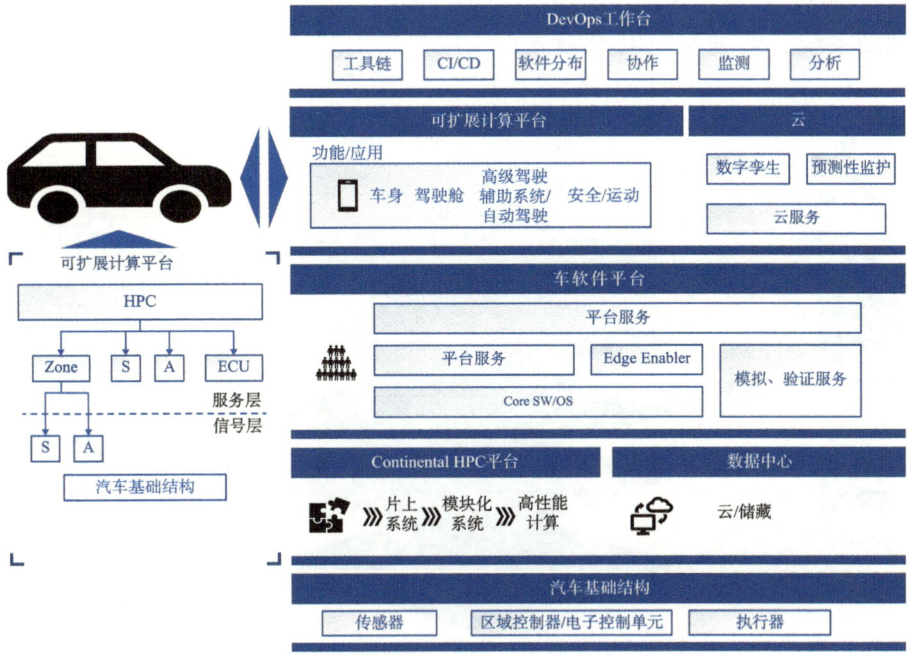

图 3–2　大陆汽车边缘计算模型

资料来源：作者整理。

4. 面向数字体验和服务的汽车技术栈模型

随着智能出行的定义逐渐向软件技术转变，成熟的原始设备制造商（OEM）在数字赋能服务领域的竞争将变得愈加激烈。据埃森哲公司估算，到2040年，数字赋能服务的收入预计将增长十倍以上，达到3.5万亿美元，占据汽车行业总收入的40%。一个高效的服务平台将成为原始设备制造商成功转型的关键。服务平台可以理解为一种赋能工具，用于实现原始设备制造商未来收入的可持续商业模式。然而，并非所有的数字体验和服务元素都具有同等的重要性。

埃森哲公司提出的面向数字体验和服务的汽车技术栈模型（见图3-3），旨在使数字化体验和服务标准化，并为制造商和供应商提供识别关键控制点的方法，从而打造符合其商业模式的用户体验。该技术栈采用分层设计，涵盖从底层硬件到顶层用户体验的各项技术要素（见表3-1）：①载具平台层聚焦车辆硬件系统，涵盖域控制器、传感器、制动器、电池与动力系统等硬件技术；②软件平台层作为硬件与应用的桥梁，涵盖中间件标准协议（如AUTOSAR Classic）、操作系统（OS）、虚拟化技术（Hypervisor）、容器技术等；③应用/服务层基于软件平台开发，涵盖信息娱乐、互联技术、高级驾驶辅助系统、驾驶与充电等服务；④用户界面层通过图形化交互、语音控

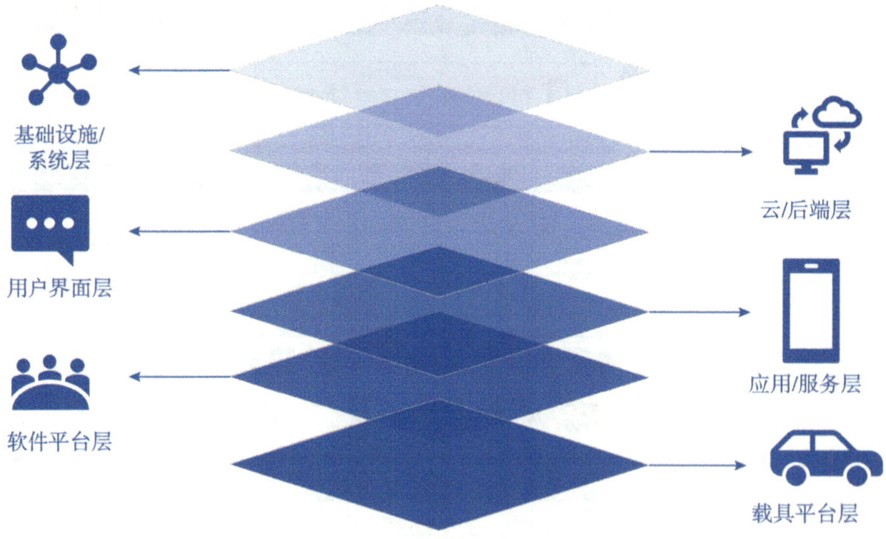

图3-3 汽车技术栈模型

资料来源：作者整理。

制等技术，将复杂系统功能转化为直观的操作体验；⑤云 / 后端层由协同生态、数据分析、安全保障等技术组成；⑥基础设施 / 系统层为宏观架构，包含信息交换技术（V2X，如车对车、车对基础设施通信）、5G 通信、卫星定位等。

表 3-1 汽车技术栈模型层次

层次	涵盖技术
基础设施 / 系统层	信息交换技术（V2X，如车对车、车对基础设施通信）、5G 通信、卫星定位等
云 / 后端层	协同生态、数据分析、安全保障等技术
用户界面层	人机交互界面相关的技术
应用 / 服务层	信息娱乐、互联技术、高级驾驶辅助系统、驾驶与充电等服务
软件平台层	中间件标准协议（如 AUTOSAR Classic）、操作系统（OS）、虚拟化技术（Hypervisor）、容器技术等
载具平台层	域控制器、传感器、制动器、电池与动力系统等硬件技术

资料来源：作者整理。

5. 软件定义车辆的技术层模型

软件定义车辆（SDV）指通过可更新的软件控制核心功能和性能的汽车架构，使车辆的硬件和软件解耦，并能够持续进行升级和功能扩展。软件定义车辆的发展需要跨行业的合作。各相关行业需要就软件定义车辆的部件、特性和功能达成共识，以实现高效的协同创新。为了让汽车和科技公司能够使用统一的 SDV 语言，参与世界经济论坛“软件驱动时代的汽车（Automotive in the Software-Driven Era）”倡议的 30 多位汽车、科技和出行行业领导者共同提出了如表 3-2 所示的软件定义车辆技术层模型。

表 3-2 软件定义车辆技术层模型

层次	定义	例子
智能移动生态	围绕车辆形成与其他交通参与者、智能交通基础设施、电动汽车充电器、智能电网和智能家居无缝互动的整体系统	车辆与其他交通参与者共享障碍物信息
应用层	为驾乘者提供个性化的智能驾驶体验、提升车辆使用价值的平台	高级驾驶辅助系统应用程序对物体进行分类，计算新路径以避免碰撞并启动转向
数据平台	信息收集模块。通过不间断地收集关于驾驶员和车辆软硬件的数据，生成与汽车驾驶和维护相关的分析结果	数据平台提供所需的额外信息，例如：360° 的用户数据用以检查驾驶员是否专注
车辆软件平台	SDV 的控制枢纽。协调车辆的各种功能，确保系统运行稳定高效的平台。由操作系统和中间件组成	车辆核心软件协调所有与高级驾驶辅助系统相关的过程，并将信息传输到应用程序
运算平台	高性能、低能耗硬件及其基础软件组成的计算单元	芯片用于与物体感知等相关的运算工作所需的软件
车辆平台	核心机械平台——如传感器和线路，通过信号输入获取信息，以触发车辆的动作或响应	车辆的传感器（如激光雷达）监测物体，启动处理过程；执行器根据接收到的转向命令执行动作

注：由下至上技术层范围依次扩大。

资料来源：作者整理。

该模型旨在为 SDV 的组件、功能等提供跨行业一致性标准，打造一个开放互动的平台，以降低研发成本、加速新功能的发布，并提升行业的盈利能力。

（二）“人工智能 + 汽车”常见的技术层次维度

上节探讨的“人工智能 + 汽车”领域常见技术应用模型结构均为纵向分层，且层级划分的原则和逻辑相似。通过分析上述各个模型的异同，我们总结出如图 3-4 所示的“人工智能 + 汽车”常见的技术应用的六个层次。每一层都负责不同的功能，底层支持上层，各层协同工作以完成整体任务。

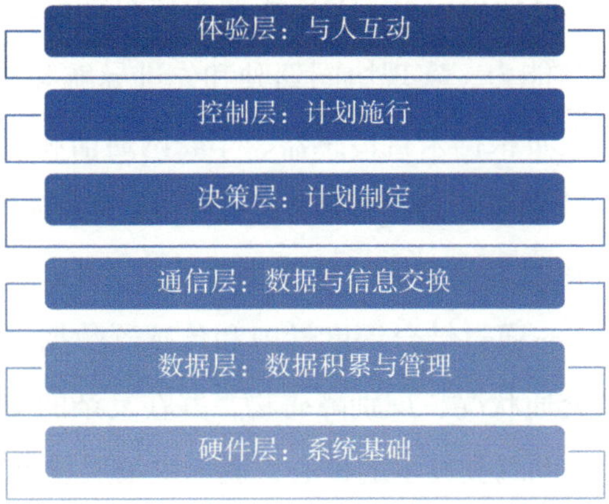

图 3-4 “人工智能 + 汽车”技术应用的主要层次

资料来源：作者整理。

硬件层：硬件层是任何人工智能驱动的汽车系统的基础。它包括微处理器、存储器、输入 / 输出设备、传感器、摄像头和通信接口等基本物理组件。在现代智能网联汽车中，这一层在数据处理、信号转换和通信任务中发挥了关键作用。NVIDIA DRIVE AGX Orin 传感器和配件套件是一个典型的例子。该套件包括激光雷达、雷达和 IMU/GNSS 系统等传感器，以及车辆线束和网络适配器等配件[①]。

数据层：数据层提供数据存储、访问和处理功能。此层与其他系统层交互，为决策和操作任务提供实时或存储的数据。例如，Aptiv 的传感器融合（Sensor Fusion）技术通过整合来自多种传感器（如雷达、激光雷达）的数据，构建车辆周围环境的综合视图。这一融合过程增强了感知的可靠性和准确性，使车辆能够监测和跟踪物体、识别障碍物，并实时做出驾驶决策。

通信层：通信层确保车内各个组件和系统之间，以及与外部系统（如交通基础设施或云服务）之间的数据传输。该层包括网络连接和安全数据交换协议，可类比开放系统互连（OSI）模型中的网络层和传输层。通信层提供的信息可用于决策层，例如，通过云端、路侧或其他车辆的感知信息共享，帮助车辆合理地规划行驶路线。例如，车对万物通信（5G–V2X）旨在实现车辆与一切（包括其他车辆、基础设施、行人和云端）之间的实时数据交换[②]。利

① 资料来源：DRIVE AGX Orin Sensors and Accessories。

② 资料来源：5G Shifts Connected Vehicles up a Gear。

用 5G 的超低时延和高可靠性，5G–V2X 能够支持自动驾驶、交通管理和安全应用，增强车辆的通信能力，实现协同驾驶和先进导航等功能。

决策层：决策层负责根据来自传感器、车联网通信和数据库的数据做出决策。人工智能算法，特别是机器学习算法，在此层中发挥着至关重要的作用，负责路线规划、障碍物回避及车辆控制策略等任务。Waymo Driver 系统是一个典型例子。Waymo Driver 通过结合深度学习和传感器数据，进行路径规划和决策。它能够实时评估交通状况、识别障碍物，并在复杂的交通环境中进行安全驾驶决策。该系统是自动驾驶技术的核心，属于决策层技术支持。

控制层：控制层执行来自决策层的命令，直接控制车辆的硬件，如转向、刹车和加速。该层可确保车辆遵循安全协议，并为驾驶员提供最新的交通信息和车辆健康状态信息。Waymo Driver 可以根据决策层的结果操控车辆的硬件，完成诸如转向、刹车和加速等动作。

体验层：体验层聚焦于驾驶员和乘客的体验，确保其安全、舒适和便捷地驾乘。该层包括用户界面、基于人工智能的个人助理和娱乐系统，打造直观且用户友好的车辆交互体验。例如，梅赛德斯 – 奔驰的 MBUX 用户体验系统集成了人工智能驱动的语音识别技术，使驾驶员能够通过自然语言命令控制车辆功能[①]。

（三）“人工智能 + 汽车”常见的技术类别维度

相较于层次维度对技术依赖性的关注，类别维度聚焦于“人工智能 + 汽车”中不同应用领域的技术类别。具体而言，包括研发类、制造类、销售类、使用类和服务类（见表 3–3）。

研发类：研发类技术专注于汽车产品的开发与设计，通过人工智能加速创新和优化流程。这类技术常用于虚拟测试、仿真和优化车辆设计及性能。例如，Altair 的 HyperWorks 平台运用人工智能进行汽车仿真和多物理场景下的优化，帮助工程师减少原型数量并缩短开发周期[②]。

制造类：制造类技术应用于汽车生产中的自动化、质量控制和供应链管

① 资料来源：梅赛德斯 – 奔驰官网。

② 资料来源：Design and Simulation Platform | Altair HyperWorks。

理。人工智能优化了制造效率并减少生产中的误差。例如，宝马（BMW）的iFactory通过人工智能、物联网和机器人技术，实现了高度自动化和智能化的生产流程。基于数据驱动的决策与自主系统，宝马优化了生产效率，精准控制了质量，减少了浪费，并提高了柔性生产能力。

销售类：在销售领域，人工智能被用于市场预测、客户行为分析和个性化推荐。根据麦肯锡官网的报告，人工智能在此领域主要涵盖三大技术趋势：自动化、预测分析和个性化推荐。通过自动定价、个性化营销和销售预测，这些技术提升了客户体验，提高了销售转化率并降低了运营成本。

使用类：使用类技术专注于车辆的驾驶和用户体验，人工智能应用于智能驾驶和车载娱乐系统等。例如，理想汽车的智能驾驶系统和智能座舱使用人工智能技术，为驾驶和乘车体验提供智能化的创新①。

服务类：服务类技术通过人工智能支持售后服务和维护管理。以博世（Bosch）的预测性维护系统为例，人工智能可实时监控车辆部件的运行状况，并预测潜在的故障，提前安排维护，减少意外损坏②。此外，智能保险也是近年来兴起的重要方向。特斯拉推出的基于实时驾驶数据的保险服务，根据驾驶员行为动态调整保费，实现差异化定价。此类基于人工智能的数据驱动服务，极大地扩展了智能汽车的服务生态，成为未来智能汽车竞争的重要领域。

表 3-3 “人工智能 + 汽车”技术应用类别及案例

类别	定义	案例
研发类	利用人工智能加速创新和优化流程，通常用于虚拟测试、仿真、优化车辆设计及性能	Altair 的 HyperWorks 平台
制造类	应用于汽车生产过程中的自动化、质量控制和供应链管理	BMW iFactory
销售类	用于市场预测、客户行为分析和个性化推荐，提升客户体验、提高销售转化率并降低成本	自动定价、个性化营销和销售预测系统等
使用类	聚焦于车辆的驾驶和用户体验，应用人工智能技术提供智能驾驶、车载娱乐系统等功能	理想智能驾驶与理想智能空间
服务类	通过人工智能支持车辆的售后服务和维护管理	博世的预测性维护系统

资料来源：作者整理。

① 资料来源：理想汽车官网。

② 资料来源：Prognosis for Connected Cars。

（四）“人工智能 + 汽车”技术应用的层次与类别的整合框架

我们对智能网联汽车领域的技术应用按照技术层次和应用场景进行了分类整合，形成了一个全面且系统的框架。该框架在纵向上分为六个技术层次，依次为：硬件层、数据层、通信层、决策层、控制层和体验层。每一层代表不同的技术组成和人工智能应用阶段，涵盖从基础的硬件支持到最终的用户体验交付。技术层次从底层的硬件逐步向上，涵盖数据的采集、处理与传输，决策的形成与执行，最终通过体验层实现用户的交互和反馈。

在横向上，该框架包括五个应用类别：研发类、制造类、销售类、使用类和服务类。通过整合这两个维度，框架能够定义并映射人工智能在不同领域和场景中的应用。这一框架不仅关注人工智能技术的特性和实现方式，还能够深入探讨其在业务流程、市场策略等方面的影响，帮助企业更全面地理解和利用人工智能的潜在价值，并将其有效应用于实际业务场景中。基于此，该框架有助于汽车企业超越传统的“人工智能 + 汽车”技术视角，从更广泛的视角解读智能汽车市场生态，并为自身的智能化转型提供战略参考。

二、“人工智能 + 汽车”技术的主要内容

（一）“人工智能 + 汽车”主要技术领域

基于上一节定义的“人工智能 + 汽车”技术应用的整合框架，我们定义出 30 个“人工智能 + 汽车”技术领域。表 3–4 中给出了每个领域的代表性技术应用。

使用“人工智能 + 汽车”技术应用的整合框架，企业可以构建更加全面的行业图谱。这不仅有助于企业深入理解“人工智能 + 汽车”市场生态系统的动态，还为制定竞合战略提供了更清晰的思路和方向。通过这一框架，企业能够更好地识别潜在的合作伙伴和竞争对手，并在复杂的技术网络中寻找最佳的合作与竞争机会。

表 3-4 “人工智能 + 汽车”技术整合模型的技术领域

层次	A 研发类	B 制造类	C 销售类	D 使用类	E 服务类
体验层	A-1 人机交互系统； 用户行为研究中的人工智能应用； 驾驶体验增强（如个性化设置）	B-1 人工智能驱动的汽车定制装配； 用户交互虚拟仿真； 增强现实装配指南	C-1 人工智能增强的虚拟销售助手； 个性化的汽车功能推荐； 人工智能驱动的个性化营销	D-1 语音助手（如亚马逊 Alexa、谷歌助手）； 驾驶员疲劳监测系统； 个性化驾驶配置	E-1 售后服务人工智能助手； 基于反馈的系统优化； 基于驾驶习惯的汽车保险
控制层	A-2 自动驾驶研发中的人工智能算法； 模拟与虚拟测试环境； 针对驾驶场景的强化学习	B-2 制造中的自动化质量控制； 机器人过程自动化（RPA）； 用于复杂部件装配	C-2 基于用户偏好的车辆配置人工智能系统	D-2 自动驾驶系统； 人工智能驱动的驾驶辅助系统； 车辆环境感知系统（如车道保持、停车辅助）	E-2 车队管理系统； 自动驾驶系统更新； 自动驾驶车辆的远程控制中心
决策层	A-3 路径规划中的深度学习算法； 自动驾驶极端场景下的人工智能决策； 车辆性能预测分析	B-3 制造过程中的人工智能优化； 实时生产线决策； 制造瓶颈预测分析	C-3 销售团队的人工智能决策支持； 价格策略优化； 基于市场趋势的人工智能销售预测	D-3 人工智能驱动的驾驶决策系统（如紧急制动）； 自适应巡航控制系统； 人工智能驱动的导航决策	E-3 车辆预测性维护； 人工智能驱动的服务调度决策； 车队健康管理（适用于服务提供商）

续表

层次	A 研发类	B 制造类	C 销售类	D 使用类	E 服务类
通信层	A-4 车对车（V2V）和车对基础设施（V2I）通信系统的研究； 5G在车辆中的通信开发与测试	B-4 工厂系统之间的人工智能增强通信； 制造设备与中央人工智能系统之间的通信	C-4 人工智能驱动的虚拟通信代理； 潜在客户的聊天机器人虚拟试驾	D-4 车辆与外部环境的通信； V2V和V2I系统确保安全与效率； 智能城市集成	E-4 维护请求的人工智能驱动通信平台； 人工智能驱动车对经销商的通信
数据层	A-5 从传感器和摄像头收集人工智能数据的研究； 利用大数据集开发人工智能模型； 人工智能模型的数据标注与训练过程	B-5 人工智能系统用于分析制造性能数据； 物联网数据分析以评估机械性能； 实时数据分析以预测维护需求	C-5 客户数据分析； 人工智能驱动的潜在客户生成； 使用大数据进行市场趋势分析	D-5 车辆遥测数据收集； 人工智能驱动的实时车辆性能分析； 燃油效率优化中的人工智能应用	E-5 人工智能驱动的售后服务数据平台； 车辆健康预测分析； 基于数据的联网车辆服务系统
硬件层	A-6 人工智能专用硬件研究（如用于自动驾驶的人工智能芯片）； 人工智能系统传感器与摄像头的开发； 用于实时人工智能处理的边缘计算	B-6 人工智能增强的机器人和装配机器； 自动化工厂使用的硬件； 用于质量检查的传感器	C-6 支持人工智能启用的客户互动硬件（如虚拟现实设备）	D-6 人工智能专用的车载硬件（如NVIDIA人工智能芯片）； 自动驾驶的传感器、摄像头和雷达； 用于实时人工智能处理的车载硬件	E-6 硬件维护系统（如预测诊断系统）； 服务中心用于车辆检测分析的人工智能芯片

资料来源：作者整理。

例如，企业可以结合如图 3–5 所示的分布实验，更深入地理解各技术领域中企业的竞合关系。通过识别这些领域中的标志性企业，企业能够分析彼此之间的竞争与合作态势。在现有业务中，技术重叠较多的企业，尤其是处于同一技术领域并直接竞争的公司，通常具有较强的竞争关系；而由于纵向层次之间存在技术依赖，不同技术层次的企业则可能形成技术互补，从而具备建立合作关系的潜力。特别是在同一应用类别（横轴）但位于不同技术层次的企业之间，这种互补关系尤为显著，合作的价值也更大。

图 3–5 “人工智能 + 汽车”技术整合模型的企业分布

资料来源：作者整理。

（二）“人工智能 + 汽车”技术当前的发展方向

虽然图 3–5 是个初步的实验，我们仍然可以看出“人工智能 + 汽车”的技术发展集中在两个区域：面向制造的技术（深色扇形区域）和面向驾驶的技术（浅色扇形区域）。

1. 面向制造的技术方向

面向制造的技术方向重点关注如何使用人工智能技术支持从产品设计到产品制造的各个流程环节。当前该方向的技术发展主要集中在以下两个方面。

智能制造：人工智能广泛应用于优化汽车生产流程，提升制造效率和产品质量。人工智能在预测性维护、自动化装配、供应链管理和质量控制等方面发挥了重要作用。宝马（BMW）的 AIQX 系统通过人工智能优化生产线自动化装配，实时监控生产中的质量，并通过预测性维护减少停机时间，提升效率。丰田（Toyota）则通过人工智能和机器人技术改进生产流程，利用数据分析优化全球供应链管理，提升工厂运营效率。

智能研发：生成式人工智能加速了产品设计、仿真测试和验证流程。人工智能模型可以模拟和优化车辆设计，帮助制造商更快推出新车型。通用汽车（GM）利用生成式人工智能加速了新车型设计，并通过 AI 优化车辆空气动力学性能。福特（Ford）则通过人工智能仿真技术减少了物理测试时间和成本，提升了研发效率。

2. 面向驾驶的技术方向

面向驾驶的技术方向重点关注如何使用人工智能技术辅助或替代汽车驾驶任务的执行。当前该方向的技术发展主要集中在以下三个方面。

自动驾驶技术：自动驾驶是人工智能在汽车领域的核心技术之一。随着高级驾驶辅助系统的不断完善，自动驾驶正向更高级别（L3~L5）迈进。自动驾驶系统依赖于深度学习、传感器融合和复杂的决策算法来提升安全性和效率。例如，特斯拉（Tesla）的 Autopilot 系统利用深度学习和计算机视觉技术处理实时路况信息，实现高速公路自动驾驶和自动变道等功能。其系统依赖传感器的数据，通过空中下载（OTA）技术更新持续优化性能。此外，Waymo（谷歌母公司 Alphabet 旗下公司）的自动驾驶技术依靠深度神经网络和激光雷达，实现了高度自动化驾驶，使该公司成为该领域的全球领先者。

车联网技术：车联网技术使车辆能够与其他车辆（V2V）、基础设施（V2I）、行人（V2P）和云端网络（V2N）进行实时通信。结合人工智能分析交通数据，车联网技术可以显著提高行车安全性，优化交通流量，推动智能交通与城市发展。通用汽车（GM）利用人工智能技术在其 V2V 通信系统中实现了车辆间实时信息共享，提升了安全性并减少了交通事故。奥迪（Audi）则通过与爱立信合作，利用 5G 和 V2I 技术与智能交通信号灯通信，优化交通信号，减少拥堵，提升行车效率。

电动化与能源管理：智能汽车的智能组件依赖电力驱动。电池的续航能力对智能汽车执行驾驶任务以及驾车体验至关重要。人工智能技术通过预测电池健康、优化充电策略和能源管理，提升电动汽车的效率和续航能力。特斯拉通过人工智能实时管理电池系统，预测电池健康状态并优化充电效率，从而提高电动车的性能。蔚来汽车（NIO）的电池即服务（BaaS）系统通过人工智能分析用户的用车习惯，提供电池更换和优化管理服务，进一步提升了电动车的续航能力和用户体验。

（三）“人工智能 + 汽车”技术的发展趋势

“人工智能 + 汽车”技术的未来发展主要呈现两大趋势：一是对现有技术方向的进一步优化与完善；二是积极探索新的技术方向，特别是在图 3–5 右上方区域中展现出更多的创新潜力。这两个趋势将共同推动“人工智能 + 汽车”行业的进一步发展。近年来，以下三个具体领域成为新的研发重点。

1. 围绕汽车的智能化服务

智能诊断与维护：人工智能结合数字孪生技术在车辆维护和诊断方面发挥了重要作用。通过实时监控车辆运行数据，人工智能可以预测潜在故障并提供维护建议，减少停机时间。日产（Nissan）的 NissanConnect 平台通过人工智能分析车辆传感器数据，提供预测性维护服务，提醒车主进行保养。特斯拉通过人工智能实现远程故障诊断，许多软件问题可通过空中下载技术更新解决，无须车主前往服务中心，极大地提升了用户体验。

个性化服务：人工智能技术可根据用户的驾驶行为提供个性化服务，如个性化导航、娱乐和驾驶辅助。奥迪（Audi）的人工智能系统根据用户的历史驾驶数据，自动调整导航设置和驾驶模式，提供最优行车体验。蔚来汽车推出的“NIO Life”服务，不仅为用户提供车内娱乐内容的订阅，如在线音乐、视频流媒体，还提供充电桩位置查询、车载 Wi-Fi 和电动车专属的生活配套服务。这种扩展至用户日常生活的服务既提升了品牌黏性，也增加了额外的收入来源。

增值服务：随着“人工智能 + 汽车”技术的进一步发展，汽车厂商也逐步推出基于 AI 的增值服务。特斯拉推出了基于用户驾驶数据的定制化保险服务，该服务通过人工智能分析驾驶习惯，提供个性化的保费定价模型，帮助驾驶员节省成本。这样的增值服务不仅丰富了用户体验，也为汽车制造商开辟了新的收入来源。

2. 智能芯片研发

汽车智能芯片是支撑智能驾驶和智能座舱功能的核心技术之一。随着汽车智能化的推进，对芯片的需求量和对其性能的要求持续攀升。根据应用领域的不同，汽车芯片可分为九大类，涵盖动力系统、智驾系统、智能座舱等多个领域。每个系统中的不同控制单元由独立芯片支持，构成分布式架构。然而，随着汽车电气架构逐步向集中式发展，芯片数量可能减少，但性能要求和计算能力需求，特别是对高性能系统级芯片（SoC）和微控制单元（MCU）的需求将显著提高。

全球芯片短缺对汽车行业产生了重大影响。2020 年至 2022 年，全球因芯片短缺减产的汽车约为 1500 万辆，其中中国市场减产超过 200 万辆。虽然 2023 年全球新增了 28 家晶圆厂，其中 1/3 能够生产汽车芯片，但这些新增产能尚处于建设初期，短期内芯片短缺问题难以彻底解决。随着汽车智能化的加速推进，芯片需求量将呈现爆发式增长。2022 年，中国市场的汽车智能化渗透率已超过 30%，预计到 2030 年将达到 70%。届时，单车芯片数量可能超过 1000 颗，高级自动驾驶阶段或达到 3000 颗。预计到 2030 年，中国汽车芯片市场规模将达 300 亿美元，年产量约为 1000 亿至 1200 亿颗。

3. 智能驾驶与智能座舱

有安全保障的导航辅助驾驶（NOA）：导航辅助驾驶技术是智能驾驶领域的关键技术，属于 L2 级别自动驾驶范畴，即组合驾驶辅助。L2 级别意味着系统能够在特定条件下执行转向、加速、刹车等操作，但驾驶员必须随时保持注意并准备接管。导航辅助驾驶技术结合了自动变道、匝道进出等功能，提升了驾驶体验，但仍依赖驾驶员的监督。

尽管不同车企对 L2 及以上级别的自动驾驶技术有不同称谓，但是这些系统实际上仍处于 L2 级别向 L3 级别发展的阶段。由于系统在复杂道路中和突发情况下的稳定性有限，以及责任归属模糊，厂商要求驾驶员随时监控和介入。按照国际自动机工程师学会和中国工业和信息化部的标准，所谓的“L2.5”或“L2.9”仍属于 L2 级别。尽管市场宣传中强调“解放双手”，但在法律层面，厂商依然将产品定位为辅助驾驶以规避责任。

L3 级别技术在全球各国的法规尚不明确，导致车企只能在试点项目中有限度地收集数据，数据积累和模型优化面临挑战。消费者对 L3 级别自动驾驶技术的信任逐步下降，市场接受度有待提高。目前，梅赛德斯 – 奔驰成为首家在美国获得 L3 级别自动驾驶销售许可的厂商[①]，其 S 级和 EQS 车型已在内华达州和加利福尼亚州获准销售，标志着 L3 级别技术商业化取得突破。

智能座舱：智能座舱是智能汽车的新兴核心领域。智能座舱结合人工智能技术，通过语音识别、手势控制和面部识别等多种方式，为驾驶者提供个性化、智能化的体验。奔驰的 MBUX 系统集成了亚马逊 Alexa，利用自然语言处理技术为驾驶者提供语音控制和智能推荐服务。蔚来汽车（NIO）的 NOMI 助手通过语音交互和情感分析功能，提供预订代驾服务、守卫摘要、服务管家、探索发现、旅行回忆等个性化服务，进一步增强了用户的驾乘体验。理想汽车的智能空间搭载 Mind GPT，联动座椅、空调、导航等常用功能，允许用户使用自然语言操控座舱内硬件设备。

① 资料来源：Mercedes Is First Automaker to Sell Level 3 Autonomous Vehicles in the US。

第四章 “人工智能＋汽车”的数据要素

一、数据的规范化要求

数据标准化指将不同来源的数据转换为统一的格式，以便技术人员、生产线管理者以及企业的中高层管理者能够有效分析数据，并从中提取有用的信息。在汽车行业，数据标准化的核心目标是为各利益相关者（包括制造商、供应商和公共管理部门）提供统一的数据格式，从而充分发挥智能网联汽车的潜力。通过数据标准化，不同设备、车辆品牌和型号之间能够实现无缝对接和数据共享，从而提升行业整体的运营效率。

在智能网联汽车领域，数据标准化意味着自动收集来自车辆、传感器和其他系统的多样化数据，并将其转换为通用的数据模型。该标准化模型不仅便于人类进行分析，还为各种自动化系统提供了一致的数据结构，增强了数据的可操作性和可扩展性。标准化的数据可以存储在本地数据库或云端，并在不同层级（如工厂操作人员、供应链管理者和企业运营部门）之间实现共享。此外，这些数据还可以被应用于制造执行系统（MES）和商业智能（BI）系统，以提高决策效率和一致性。

通过数据标准化，企业的利益相关者能够基于相同的实时数据流进行操作，从而促进信息的流动。智能网联汽车的数据收集范围广泛，包括车辆状态、传感器信息、驾驶行为等。实时数据传输依赖于高速的网络连接，确保所有信息能够快速收集、标准化处理，并结合具体情境进行深入分析。借助控制面板和工作流功能，数据标准化还可以使管理流程更加高效，缩短从数据到实际价值转化的时间，推动整个行业向智能化转型。

（一）产品性能视角

从产品性能视角来看，数据标准化不仅为智能网联汽车的整体架构提供了更高的信息安全保障，还在软件升级和自动驾驶数据记录方面发挥了至关重要的作用。标准化的数据格式使得行业参与者能够更轻松地遵守最新的法律法规，如《汽车软件升级通用技术要求》（GB 44496—2024），该标准对车企的软件升级行为进行了明确规范，帮助保障消费者权益，同时加强了软件监管，确保升级过程的安全性和合规性。

此外，数据标准化通过统一的通信协议和接口，显著增强了智能网联汽车的网络安全防护能力，并降低了供应链中的风险。例如，宝马（BMW）和奥迪（Audi）等公司通过标准化的数据接口，实现了来自不同供应商的硬件和软件系统的无缝集成，提升了车联网通信技术的兼容性。车联网技术依赖统一的数据格式，使车辆能够与其他车辆、道路基础设施和行人设备进行高效通信，从而提升交通安全性和行车效率。

同时，数据标准化为开发者提供了统一的开发平台。例如，特斯拉通过标准化接口与第三方应用集成，允许开发者为用户提供个性化的娱乐、导航和驾驶辅助服务。通过统一的数据标准，智能网联汽车的维护和升级流程也变得更加高效。标准化的软件升级流程确保了系统更新的安全性、兼容性和可靠性，减少了因硬件和软件不兼容引发的问题，确保车辆能够及时获得最新的功能和安全补丁。

（二）企业运营视角

从企业运营视角来看，数据标准化显著提升了运营效率。通过统一的数据格式，企业能够在不同部门、设备和系统之间实现无缝的数据流通，减少信息传递中的延迟与错误。这不仅加快了企业发现并解决生产或运营问题的速度，还使各部门能够基于一致的数据做出统一且有效的决策。例如，在供应链管理和生产调度中，标准化的数据提高了各环节的协调性，显著提升了整体运营效率。

此外，数据标准化降低了企业技术集成和扩展的复杂性。随着智能网联汽车技术的快速发展，企业需要迅速整合新技术、设备和系统。借助标准化的数据接口和格式，企业能够轻松适应新的供应商、设备及市场需求，无须为每个新产品或系统单独开发接口，从而降低了集成的成本和时间。此外，数据标准化还提升了供应链的透明度和灵活性，使企业能够更高效地在全球市场中运营。

最后，数据标准化为企业的数据管理和分析奠定基础。标准化的数据结构便于企业在生产、车辆运营和市场分析中有效地收集、存储和处理海量数据，从而更深入地挖掘数据价值，优化产品性能、客户体验及业务流程。例如，标准化的数据能够被集成到企业的商业智能（BI）系统和制造执行系统（MES）中，实现运营情况的实时监控，并提供数据驱动的决策支持，增强企业的竞争力和创新能力。

（三）行业发展视角

从行业发展视角来看，数据标准化提升了整个产业链的协同效率。通过建立统一的数据格式和通信协议，车企、零部件供应商、软件开发商等行业参与者能够更轻松地整合彼此的数据和系统，实现不同品牌和设备之间的无缝互联。这不仅简化了产品开发流程，还减少了供应商之间的兼容性问题，从而加速了创新成果的落地和推广。例如，ISO 26262《道路车辆 功能安全》和 ISO/SAE 21434《道路车辆 网络安全工程》等国际标准在确保车企与供应商的技术一致性和兼容性方面发挥了关键作用。

数据标准化还促进了智能网联汽车技术的规模化应用。通过统一的数据标准，不同设备和系统之间的互操作性得到增强，减少了“数据孤岛”现象，从而支持相关技术在全球范围内的广泛应用。统一的数据接口有助于智能网联汽车在不同国家和地区的法规框架下顺利推广，降低了跨国运营的技术壁垒。此外，数据标准化为新兴技术（如车联网通信和自动驾驶）的迭代和集成提供了坚实的基础，确保这些技术能够与现有系统高效兼容。

此外，数据标准化为行业的持续创新奠定基础。统一的数据结构和接口使第三方开发者能够基于现有平台开发出更多样化的应用和服务，推动整个汽车生态系统的繁荣。例如，智能网联汽车行业通过数据标准化，不仅能够满足不同市场的需求，还能够加速技术更新和产品升级，从而引领全球汽车行业向智能化转型。

（四）公共治理视角

从公共治理视角来看，数据标准化在提升公共安全方面具有重要作用。通过统一的数据格式和通信协议，智能网联汽车能够与交通管理系统、应急响应系统实现无缝对接。这不仅使公共部门能够实时获取车辆信息、监控道路状况，还能在事故或紧急事件中大幅提高响应速度。例如，在突发事件中，公共安全部门可以通过车辆的标准化数据接口迅速获取关键信息，从而提升应急响应效率，保障公共安全。

此外，数据标准化在法律法规的执行中也发挥着关键作用。智能网联汽车涉及大量个人隐私和安全数据，统一的数据标准有助于监管机构更加有效地监督车企的数据处理行为，确保隐私保护和网络安全法规得到切实执行。以欧盟的《通用数据保护条例》（GDPR）为例，数据标准化使车企能够更加高效地遵守隐私法规，同时促进跨部门和跨区域的协作，推动智能网联汽车技术在全球范围内的应用与推广。

最后，数据标准化为政府制定公共政策和推动行业可持续发展提供基石。通过标准化收集的智能网联汽车数据，政府能够更好地分析交通模式、优化城市规划、改善交通管理，从而提升道路安全性。统一的数据标准还促进了汽车制造商、科技公司与公共机构之间的合作，形成高效的产业协同，进而推动智能网联汽车技术的长期发展，最大化社会效益。

二、指南和标准

本节总结了截至2024年9月的汽车信息安全通用指南和标准（见表4-1），以及与汽车信息安全相关的其他指南和标准（见表4-2）。

表 4-1 汽车信息安全通用指南和标准

指南和标准名称	地区	发布机构	实施时间	概要
《中华人民共和国网络安全法》	中国	全国人民代表大会常务委员会	2017 年 6 月	规定了网络产品和服务提供者、网络运营者的安全义务，设定了对网络安全事件的应急响应机制
《信息安全技术 个人信息去标识化指南》	中国	国家市场监督管理总局、国家标准化管理委员会	2020 年 3 月	定义了去标识化的概念和原则
《信息安全技术 个人信息安全规范》	中国	国家市场监督管理总局、国家标准化管理委员会	2020 年 10 月	规定了个人信息的处理原则和范围
《中华人民共和国数据安全法》	中国	全国人民代表大会常务委员会	2021 年 9 月	明确了国家数据安全的监管制度，规定了跨境数据流动的规则，设定了相应的法律责任和处罚措施
《关键信息基础设施安全保护条例》	中国	国务院	2021 年 9 月	明确了关键信息基础设施的范围，要求运营者承担安全保护的主体责任，设定了相应的法律责任和处罚措施
《中华人民共和国个人信息保护法》	中国	全国人民代表大会常务委员会	2021 年 11 月	规范了个人信息的处理
《网络安全审查办法》	中国	国家互联网信息办公室	2022 年 2 月	规定了涉及国家安全的数据须进行安全审查、监管的要求
《数据出境安全评估办法》	中国	国家互联网信息办公室等	2022 年 9 月	明确个人信息、重要数据出境前安全评估的要求和流程
《通用数据保护条例》（*General Data Protection Regulation*，GDPR）	欧盟国家	欧洲议会和欧盟理事会	2018 年 5 月	GDPR 是全球最具影响力的隐私和数据保护法规之一，规定了个人对其数据的权利，对数据泄露、跨境数据传输等设定了严格的规定
《加利福尼亚州消费者隐私法》（*The California Consumer Privacy Act of 2018*，CCPA）	美国加利福尼亚州	加利福尼亚州立法机构	2020 年 1 月	该法赋予消费者多项权利，包括知情权、删除权以及拒绝个人信息被出售的权利

资料来源：作者整理。

表 4-2 汽车信息安全相关的其他指南和标准

指南和标准名称	地区	发布机构	实施或发布时间	概要
《汽车信息安全通用技术要求》	中国	全国汽车标准化技术委员会	2022 年 5 月	规定了汽车信息安全的基础要求
《车载信息交互系统信息安全技术要求及试验方法》	中国	全国汽车标准化技术委员会	2022 年 5 月	规定了车载信息交互系统在数据传输、身份认证、权限管理等方面的安全要求
《汽车网关信息安全技术要求及试验方法》	中国	全国汽车标准化技术委员会	2022 年 5 月	规定了汽车网关的信息安全技术要求，明确了网关系统的评估方法
《电动汽车远程服务与管理系统信息安全技术要求及试验方法》	中国	全国汽车标准化技术委员会	2022 年 5 月	规定了系统在数据加密、身份认证、访问控制等方面的技术要求
《汽车数据安全管理若干规定（试行）》	中国	国家互联网信息办公室等	2021 年 10 月	适用于中国境内从事汽车数据处理的企业。规定要求企业确保数据最小化收集，保障个人信息、重要数据、涉及国家安全数据的安全，明确了数据安全评估机制和应急响应要求
《汽车采集数据处理安全指南》	中国	全国信息安全标准化技术委员会	2021 年 10 月	明确了数据最小化原则，要求只收集必要数据，并强调敏感数据的保护和合规性
《智能网联汽车道路测试与示范应用管理规范（试行）》	中国	工业和信息化部、公安部、交通运输部	2021 年 9 月	明确了申请道路测试的条件、流程和责任要求
《信息安全技术 汽车电子系统网络安全指南》	中国	全国网络安全标准化技术委员会	2020 年 11 月	规定了汽车电子系统的网络安全框架和技术要求
《汽车电子网络安全标准化白皮书（2018）》	中国	全国信息安全标准化技术委员会	2018 年 4 月	分析了汽车电子系统面临的网络安全挑战，梳理了现有的国际国内标准，提出了标准化工作的发展方向和重点领域

续表

指南和标准名称	地区	发布机构	实施或发布时间	概要
《网络安全及网络安全管理体系》(*Cyber Security and Cyber Security Management System*)	欧盟国家	联合国欧洲经济委员会	2021 年 4 月	要求汽车制造商建立网络安全管理系统，明确了网络安全威胁的识别、风险评估、应对措施等要求，并设立了合规性审查机制
《软件更新及软件更新管理体系》(*Software Update and Software Update Management System*)	欧盟国家	联合国欧洲经济委员会	2021 年 4 月	要求汽车制造商建立软件更新管理系统，明确了软件更新的合规性、透明性以及网络安全要求
《道路车辆 软件更新工程》(*Road Vehicles—Software Update Engineering*)	国际	国际标准化组织	2023 年 2 月	为道路车辆的软件更新工程提供标准化的技术框架和指导
《道路车辆 网络安全工程》(*Road Vehicles—Cybersecurity Engineering*)	国际	国际标准化组织(ISO)与国际自动机工程师学会(SAE)	2021 年 8 月	要求汽车制造商、供应商和相关方构建全面的网络安全框架
《道路车辆 功能安全》(*Road Vehicles—Functional Safety*)	国际	国际标准化组织	2018 年 12 月	提供了车辆开发全生命周期安全管理的框架和指南
《道路车辆 扩展车辆方法》[*Road Vehicles—Extended Vehicle (ExVe) Methodology*]	国际	国际标准化组织	2017 年 12 月	定义了如何通过安全的外部接口，实现车辆与外部服务间的互联

资料来源：作者整理。

从这些法规、指南和标准可以看出，智能网联汽车行业正呈现出几大显著趋势。

第一，网络安全和数据隐私的保护正受到越来越多的重视。随着汽车数字化程度的不断提高，针对防止网络攻击和数据泄露的法规和标准正在逐步完善。

第二，安全管理的范围已扩展至车辆的整个生命周期，不仅涵盖设计和生产阶段，还包括车辆在使用和报废时的持续安全保护，特别是在软件更新和数据处理方面。

第三，全球统一的技术框架正在逐步形成。国际标准化组织（ISO）等机构正在推动全球范围的技术标准化，以确保车辆在各国市场都能符合安全要求。

第四，远程服务和在线软件更新技术正在兴起，反映出汽车联网和远程管理的广泛应用趋势，未来的软件更新和远程诊断将成为关键功能。

第五，功能安全与网络安全的融合趋势日益明显，安全保护已不再局限于物理层面，数字安全同样成为关键因素。

整体而言，汽车行业正朝着更加智能化、安全化和全球化的方向快速发展。

三、数据的生命周期管理

数据的生命周期管理（DLM）指从数据的生成到最终销毁的全过程中，通过不同的管理方法对数据进行规范和处理（见图 4-1）。在智能网联汽车行业，随着技术升级和数据量的快速增长，数据的生命周期管理变得尤为重要，它不仅有助于确保数据安全，还能提升数据的使用价值并确保合规性。通过在不同阶段对数据进行分类和管理，企业能够最大限度地利用数据资源，提高生产和运营效率。

（一）数据收集

数据生命周期的起点是数据的收集。智能汽车中的数据来源广泛，包括车辆传感器、用户交互、车载摄像头、环境感知系统等多种设备。数据类型涵盖车辆运行状态、驾驶员行为、道路状况等信息，形成一个庞大且多维的数据网络。为了充分发挥这些数据的价值，标准化处理在此阶段尤为关键。各数据源生成的数据类型各不相同，标准化能确保数据在后续阶段中被有效整合和使用。

在此阶段，数据收集应遵循“最小化原则”，即仅收集实现特定功能所必需的数据，避免无效数据积累。企业还需根据数据的质量及其与核心业务的相关性对数据进行分类和优先级评估，以便更好地整合和利用这些资源。

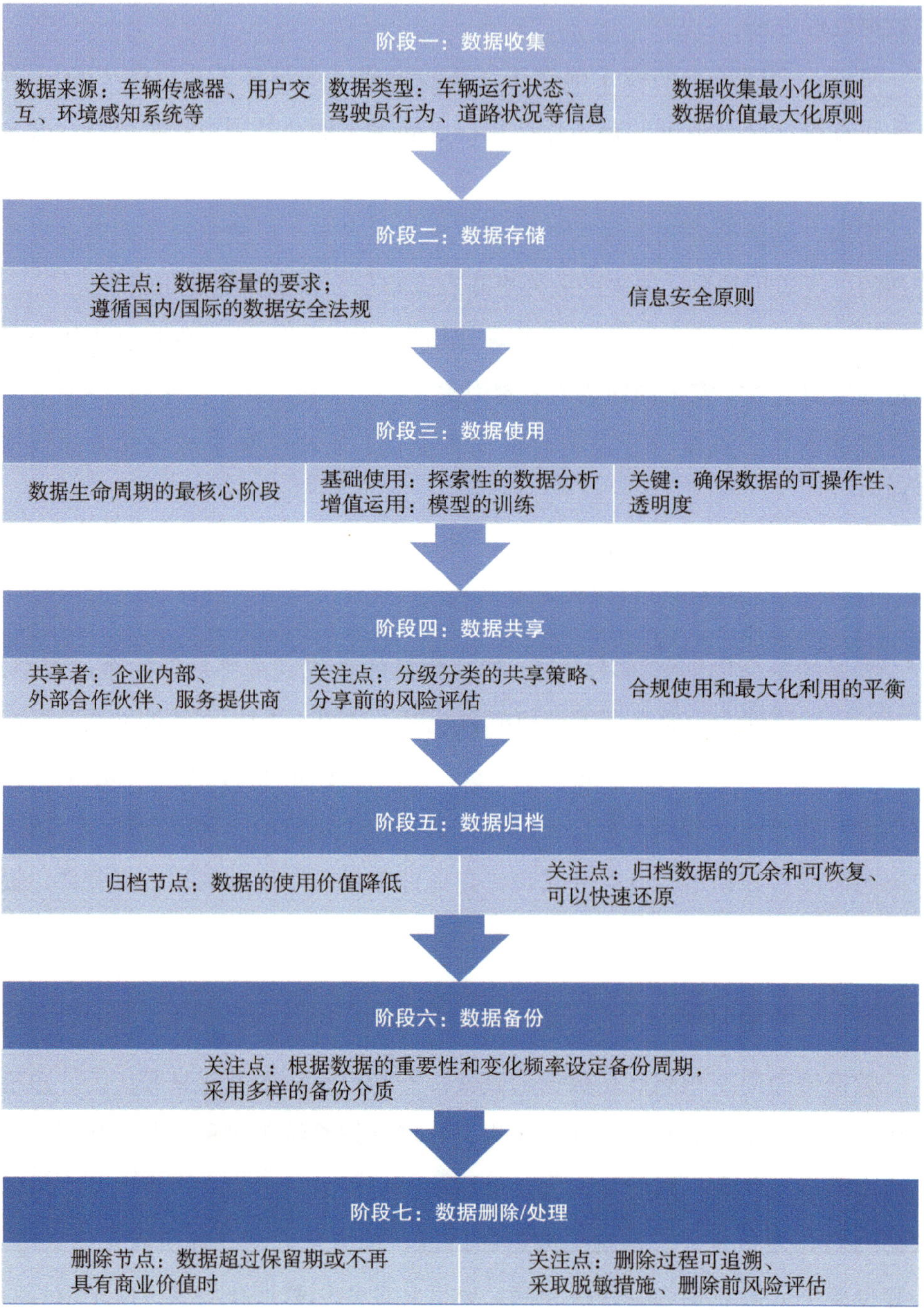

图 4-1　汽车数据的生命周期管理阶段

资料来源：作者整理。

（二）数据存储

随着数据量的激增，数据存储成为确保信息安全与有效利用的关键环节。预计到2026年，单车数据存储量将达到483GB，对存储设备的性能提出了更高要求。同时，电子电气架构的演变要求更高效的存储系统，支持高速读写和低时延访问。此外，存储系统必须具备高安全性，防止未经授权的访问和数据泄露。

数据存储不仅需考虑容量，还需遵守相关法规，如中国的《汽车整车信息安全技术要求》（GB 44495—2024）和《智能网联汽车 自动驾驶数据记录系统》（GB 44497—2024）。这些标准要求汽车数据存储必须在境内进行，并在数据传输至境外前进行安全评估。同时，数据冗余必不可少，数据副本应随时准备着，以防止因恶意攻击或意外故障造成的数据丢失。

（三）数据使用

数据使用是数据生命周期的核心阶段，企业通过分析和处理数据，为业务决策提供支持。管理者和利益相关者可通过数据进行从基本的探索性分析到高级的机器学习模型训练等的多种操作。汽车制造商利用这些数据优化生产流程、提升驾驶体验并提高车辆安全性。在这一阶段，关键在于确保数据的可操作性和透明度，以便为各业务部门提供准确、可用的信息。要通过先进的数据挖掘和分析技术，为未来产品开发提供支持。

（四）数据共享

数据共享不仅限于企业内部，还包括与外部合作伙伴和服务提供商的共享。共享数据前，企业需进行风险评估，以确保共享行为不会带来安全风险。为了保护用户隐私，企业应对数据进行分类和分级处理，并为不同敏感度的数据制定共享策略。例如，用户行为数据可用于个性化广告推荐系统，但必须征得用户同意并提供透明的使用选项。

用户个人信息保护在此阶段尤为重要。以华为的智能网联汽车解决方案为例，数据共享的透明度和安全性得到了强调，确保数据使用合规，同时最大限度发挥数据的商业价值。

（五）数据归档

当数据使用价值逐渐减弱时，企业可以选择将其归档，以备未来用于诉讼、监管调查或其他潜在用途。归档数据应具备冗余性且随时可恢复，确保在需要时能够快速恢复到生产环境中。企业应根据业务需求和法规要求，明确数据归档的时长和存储位置。

（六）数据备份

数据备份[①]是数据生命周期中的关键步骤，可确保数据丢失、损坏或遭受攻击时能够恢复。企业应根据数据的重要性和变化频率设定合理的备份周期。例如，车辆工况数据和用户行为数据应至少每日备份一次。自动化备份工具和脚本能够减少人为错误，确保备份过程高效且安全。备份过程中，企业需对数据进行加密，以确保存储和传输过程中的安全性。

此外，企业还应采用多样化的备份介质，如机械硬盘（HDD）、固态硬盘（SSD）和云，确保多层次数据保护。

（七）数据删除 / 处理

数据生命周期的最后阶段是数据的删除或处理。当数据超过保留期或不再具备商业价值时，企业应将其安全删除。为了确保透明性，数据删除过程必须可追溯，且应采取脱敏措施，确保数据无法被重新识别或与特定个人相关联。根据《汽车数据安全管理若干规定（试行）》，车企在删除用户数据前需经过严格的风险评估，使此操作不会影响车辆安全性或用户权益。

---

① 数据备份和数据归档虽然都涉及数据存储，但它们有不同的目的和使用场景。数据备份主要用于数据保护，防止意外删除、系统故障或攻击导致的数据丢失。备份的目标是确保在发生数据丢失后可以快速恢复数据，通常是周期性的，且包含系统当前活动数据的副本。数据归档则是将不再频繁使用的历史数据保存起来，以备将来审计、合规管理或诉讼等需求之用。归档的数据较少用于日常访问，更注重长期保存和安全性。

四、数据使用的瓶颈与挑战

随着智能网联汽车技术的不断进步，数据的使用成为实现完全自动驾驶（L5 级别）的核心要素。要实现这一目标，行业必须克服数据使用中的社会和技术挑战，确保智能汽车的大规模部署和应用。这些挑战涉及多国法律法规的差异、数据安全问题，以及技术标准化和 AI 模型维护等技术难题，行业需要通过技术创新和多方合作来应对。

（一）社会影响

在数据使用的社会层面，跨国企业面临的主要挑战是不同国家和地区法律法规的差异。例如，欧盟的《通用数据保护条例》（GDPR）与中国的《中华人民共和国个人信息保护法》（PIPL）在数据跨境传输、隐私保护和数据使用权方面存在显著差异。GDPR 规定了数据主体的反对权和自动化决策权，而 PIPL 要求在跨境数据传输前进行安全评估。这些差异使跨国企业必须同时遵守多重法律框架，增加了合规的复杂性。滴滴出行因跨境数据问题被中国监管部门调查，凸显了跨国企业在应对全球数据合规问题时的困难。

此外，数据安全和隐私问题已成为社会关注的焦点。智能网联汽车具备大规模数据采集能力，这使得数据泄露和网络攻击的风险增加，进而引发消费者对其安全性的质疑。例如，2019 年全德汽车俱乐部（ADAC）测试显示，99% 的被测车辆存在信息安全漏洞，暴露了行业在防护网络攻击方面的不足。为了提升用户信任，车企必须依靠先进的加密和防护技术，并与政府合作，制定更严格的行业标准和监管框架，确保用户数据的安全。

传统车企在智能化转型中可能对数据共享持保守态度，尤其是在面对新兴企业的竞争时。这种转型的迟缓，部分原因是传统车企在数据处理能力和 IT 基础设施上的落后，可能削弱其在智能网联汽车市场中的竞争力。因此，推动数据共享与标准化不仅是行业技术进步的需求，也关乎传统车企能否在未来市场中保持竞争力。

（二）技术发展

从技术角度看，数据标准化和互操作性是智能网联汽车数据使用中的关键挑战。随着车联网技术的发展，不同设备、车辆品牌以及基础设施之间数据的互联互通变得尤为重要。然而，由于各自采用不同的通信协议和数据格式，企业系统之间的兼容性成为一大瓶颈。例如，自动驾驶汽车需要与其他车辆和基础设施实时交换数据，但数据传输标准的缺失增加了技术难度。因此，业界需要推动制定统一的数据标准，确保车联网等技术的有效应用。

数据保护与安全也是技术上的核心挑战之一。企业在数据采集和存储过程中必须确保敏感信息的安全，防止数据泄露或未经授权的访问。华为在其智能网联汽车解决方案中引入私有云部署和基于安全断言标记语言（SAML）的单点登录技术，以确保跨国运营中的数据安全和合规性。同时，企业应根据数据敏感性实施分级分类保护措施，确保数据的合法共享与使用。

此外，AI 模型的训练和更新也是数据使用中的重要挑战。随着车辆产生的数据量不断增加，企业需要定期重新训练 AI 模型，以应对模型漂移和市场需求变化。麦肯锡的研究指出，许多 AI 模型需要定期更新，尤其是在自动驾驶领域。然而，部分企业倾向于追求短期效益，忽视了 AI 模型的长期维护，导致模型性能下降。因此，企业应加强与数据合作伙伴的合作，通过重新标注数据和人工复核置信度低于阈值的预测结果，确保 AI 模型的高效运行和可靠性。

基于此，智能网联汽车的数据使用面临多重挑战，包括社会层面的合规性和隐私保护问题，以及技术层面的标准化、数据安全和 AI 模型优化需求的问题。解决这些问题需要政府、企业及各利益相关方的协同合作。通过完善全球范围内的法律框架、推动数据标准化以及强化技术创新，行业才能实现智能网联汽车的全面部署，并推动“人工智能 + 汽车”的可持续发展。

第五章 “人工智能 + 汽车”的产业生态系统

一、“人工智能 + 汽车”产业生态系统的关键参与者

“人工智能 + 汽车”产业生态系统包含传统汽车制造商、电动汽车制造商、智能传感器供应商、AI 芯片制造商、自动驾驶软件开发商、车联网平台供应商、操作系统与中间件开发商、政策制定者、交通管理部门、技术标准组织、高校与科研院所等核心参与者（见图 5–1）。

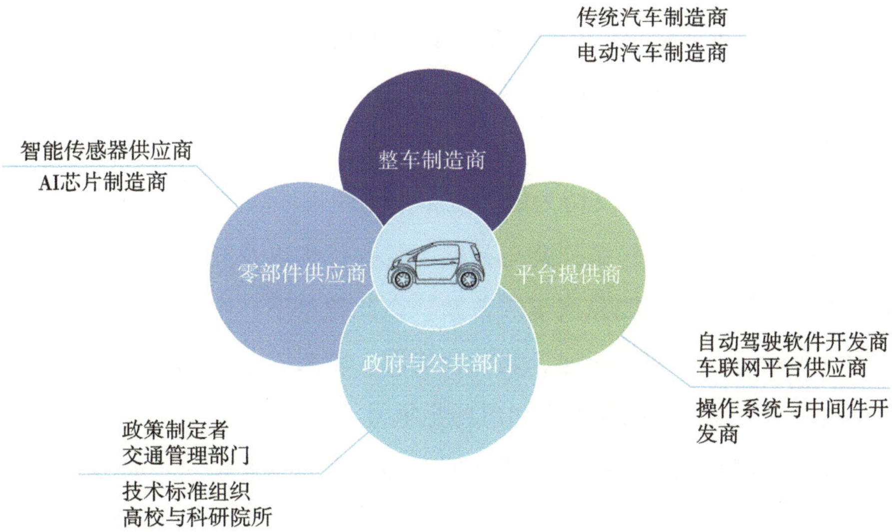

图 5–1 “人工智能 + 汽车”产业生态系统的关键参与者

资料来源：作者绘制。

（一）整车制造商

1. 传统汽车制造商

传统汽车制造商正积极拥抱人工智能技术，将其深度融入车辆设计的各个环节，包括高级驾驶辅助系统开发、智能座舱设计、车辆维护预测、客户服务优化及生产流程的智能化管理。这不仅提升了车辆的安全性、效率和自主性，也为用户带来了前所未有的驾驶与乘坐体验。

在“人工智能 + 汽车”的产业生态系统中，传统汽车制造商正扮演着关键的转型者角色。他们通常采取渐进式发展策略，依托长期在制造、渠道和品牌方面的优势，逐步推进自动驾驶技术的研发与应用[①]。通过不同级别的自动驾驶功能迭代升级，这些企业灵活应对市场变化和环保趋势。例如，大众集团作为全球汽车制造业的领导者，不仅继续在传统汽车领域保持竞争力，还加大了在新能源汽车和自动驾驶领域的投资和研发力度。大众集团通过其软件子公司 CARIAD 开发了业界领先的软件平台，计划到 2025 年推出支持 L4 级别自动驾驶技术的平台。此外，大众集团还积极与顶尖 AI 技术企业如地平线（Horizon Robotics）和小鹏汽车展开深度合作，以加速在自动驾驶和智能网联汽车技术上的突破与发展[②]。

2. 电动汽车制造商

在中国，政府的大力支持为电动汽车市场注入了强劲动力。进入 21 世纪以来，政府相继出台了一系列购车补贴、税收优惠以及充电基础设施建设的政策，极大地推动了新能源汽车的普及。在此背景下，中国涌现出一批卓越的电动汽车制造商，如比亚迪、北汽新能源、蔚来、小鹏和理想等，在电动汽车领域展现出强大的创新能力和市场竞争力。

这些电动汽车制造商通过颠覆性创新和全新的商业模式，成为“人工智能 + 汽车”产业生态系统中的重要颠覆者[③]。他们注重软件技术的创新，以软

---

① 王晔，曲林迟：《智能驾驶产业链现状与发展》，《微型电脑应用》2020 年第 8 期。

② 温昕：《大众“软件定义汽车”提速中国技术“反哺”海外品牌》，《新能源汽车报》2024 年 7 月 29 日。

③ 李建伟，王炳华：《数字经济背景下新能源汽车产业转型与升级研究》，《中国战略新兴产业》2024 年第 20 期。

件驱动硬件，具备核心算法研发能力，并通过车端与云端的数据处理和分析，实现算法的快速迭代，持续增强智能驾驶能力[①]。例如，特斯拉采用激进的策略发展无人驾驶技术，摒弃了对三维激光雷达和高精度地图等昂贵硬件的依赖，转而在车载平台上预装自动驾驶所需的各种传感器（如毫米波雷达、超声波雷达），通过不断进行软件迭代升级，逐步开放自动驾驶功能模块[②]。

（二）零部件供应商

1. 智能传感器供应商

智能传感器相当于自动驾驶汽车的“眼睛”和“耳朵”，用于识别车辆周围的环境信息，是实现车辆环境感知的硬件基础。随着自动驾驶技术的不断发展，图像传感器、激光雷达、毫米波雷达和超声波雷达等智能传感器的核心部件变得愈发重要。供应商之间的竞争日益激烈，他们不断推出新技术，以满足市场对更高级别自动驾驶功能的需求[③]。

智能传感器行业的特点在于技术壁垒较高，且细分领域多而分散。在图像传感器领域，索尼（Sony）、安森美半导体（ON Semiconductor）和豪威科技（OmniVision）等领军企业凭借高性能的 CMOS 图像传感器，帮助特斯拉、奥迪等车企实现高级驾驶辅助功能。

在激光雷达领域，禾赛科技（Hesai Technology）凭借自主研发的全固态激光雷达技术领跑中国市场，将其广泛应用于小鹏汽车、蔚来汽车等国内知名车企。亮锐科技（Luminar Technologies）则凭借其高清远距离感知能力在国际市场上崭露头角，与沃尔沃、丰田等车企展开深度合作。

毫米波雷达领域由博世集团、大陆集团（Continental）、安波福（Aptiv）、海拉（HELLA）和维宁尔（Veoneer）等国际巨头主导全球市场。国内企业森思泰克（Sensitek）迅速崛起，成为红旗、一汽、现代、东风日产、长城、长安等车企的首选供应商，展现了强劲的国产替代能力。

① 杨让晨，石英婧：《AI 大模型接连“上车” 汽车行业科技智能战一触即发》，《中国经营报》2024 年 3 月 4 日。

② 周剑：《面向无人驾驶的道路场景建模关键技术研究》，武汉大学，2019 年。

③ 李骥驰，王建海，宋瑞：《国内智能网联汽车传感器企业发展现状研究》，《汽车与配件》2020 年第 11 期。

在超声波雷达领域，法雷奥（Valeo）、博世集团、大陆集团（Continental）等国际企业占据主要市场份额。国内的奥迪威（Audiowell）凭借其出色的智能超声波传感器技术，已成功进入汽车制造商的前装供应链，实现了对国际厂商进口的替代（见图 5-2）。

图 5-2　国内外主要智能传感器供应商

资料来源：李骥驰、王建海、宋瑞，《国内智能网联汽车传感器企业发展现状研究》，《汽车与配件》2020 年第 11 期。

2. AI 芯片制造商

在智能网联汽车行业，芯片是支撑汽车智能化转型的关键元器件，被称为自动驾驶汽车的“大脑”，负责处理感知层收集的数据并做出决策。例如，英伟达的 Drive Orin-X 芯片、华为的昇腾系列 AI 芯片、地平线的征程系列芯片，以及黑芝麻智能的华山和武当系列芯片，特斯拉的 FSD 芯片，都是市场上主要的智驾域控芯片[①]。

英伟达是全球最大的 AI 芯片供应商，其市场份额占据绝对领先地位。凭借强大的图形处理能力和深度学习技术，英伟达开发了多款专为自动驾驶设计的芯片，如 Drive PX 系列和 Xavier 等，这些芯片在自动驾驶汽车中得到了广泛应用。此外，国际巨头高通（Qualcomm）和英特尔（Intel，通过其子公司 Mobileye）也是该领域的重要参与者，分别推出了骁龙智驾（Snapdragon Ride）平台和 EyeQ 系列芯片，为自动驾驶提供了高性能的计算平台。

在中国市场，智能驾驶 AI 芯片制造商同样展现出强劲的发展势头。地平线科技是国内智驾芯片出货量最大的企业，推出了面向高级驾驶辅助系统的征程 2、征程 3、征程 5 和征程 6 系列芯片，并与理想汽车等多家车企达成

① 魏文：《争抢智驾芯片蛋糕　车企与友商“围攻”英伟达》，《第一财经日报》2024 年 8 月 27 日。

量产合作。黑芝麻智能虽然在中国高算力自动驾驶 SoC 芯片出货量方面略低于地平线，但已与博世集团、一汽集团、东风集团等车企和一级供应商建立了合作关系。这些本土初创企业的崛起不仅推动了中国自动驾驶产业的发展，也显著提升了中国在全球 AI 芯片市场中的地位（见图 5-3）。

图 5-3　国内外主要 AI 芯片供应商

资料来源：魏文，《争抢智驾芯片蛋糕　车企与友商“围攻”英伟达》，《第一财经日报》2024 年 8 月 27 日。

（三）平台提供商

1. 自动驾驶软件开发商

自动驾驶软件开发商专注于研发高精度地图构建、环境感知、决策规划、控制执行等核心技术，通过不断优化和创新算法，使车辆具备超越人类驾驶员的感知、判断和应对能力。

在这一领域，国内外涌现出一批领军企业。国外代表企业包括 Waymo（Alphabet 公司旗下自动驾驶公司）、Mobileye（英特尔子公司）以及 Cruise Automation（通用汽车子公司）。这些公司不仅拥有雄厚的技术实力，还通过持续测试和验证，加速了自动驾驶技术的商业化进程。在中国，百度、小马智行、文远知行等公司表现同样亮眼。百度是中国最早研发 L4 级别自动驾驶技术的公司，其推出的 Apollo 自动驾驶平台，已成为行业的重要标杆[①]。小马智行和文远知行作为后起之秀，通过在海外市场的成功布局，正加速推动中国自动驾驶技术的国际化发展。

① 孙乐乐，黄松，郑长友等：《自动驾驶仿真测试场景生成技术研究进展》，《计算机工程与应用》2025 年第 1 期。

2. 车联网平台供应商

车联网平台供应商致力于构建连接车辆、用户、服务提供商及基础设施的桥梁，实现车辆数据的实时采集、传输、处理与分析。通过集成云计算、大数据处理、人工智能等前沿技术，这些供应商为车辆提供远程控制、智能导航、语音交互、在线娱乐、故障诊断和预警等多元化服务。同时，他们通过加密传输、权限管理等手段，确保数据安全性和隐私保护，防止数据泄露和滥用①。此外，车联网平台供应商还积极与产业链上下游企业合作，推动汽车行业的智能化和网联化进程。

在全球车联网平台供应商领域，国内外均涌现出一批领军企业。在中国，百度推出的 Car Life 车联网解决方案，支持智能手机与车辆的无缝连接，实现功能和数据的互通。华为开发的 Ocean Connect 车联网平台提供了连接使能、数据使能、生态使能和演进使能等服务，帮助车企实现数字化转型。在国际市场，宝马的 ConnectedDrive 平台和特斯拉的车联网系统依托各自强大的品牌和技术实力，构建了独具特色的车联网平台，提供卓越的智能出行体验。

3. 操作系统与中间件开发商

在智能网联汽车的产业生态系统中，操作系统与中间件开发商为智能网联汽车提供了关键的底层技术支撑与灵活的软件架构，作为连接硬件与上层应用的核心桥梁。操作系统开发商主要负责开发和维护车载操作系统，这些系统是自动驾驶软件运行的基础，涵盖硬件抽象管理、设备驱动、进程管理、内存管理等功能。中间件开发商则专注于开发能够适配不同操作系统内核和硬件架构的中间件，确保自动驾驶应用程序可以在多个平台上无缝运行。

例如，普华灵智的 ORIENTAIS 操作系统是国内首个满足 ISO 26262 ASIL-D（最高安全等级）要求的 AUTOSAR 操作系统产品，打破了国外在汽车电子操作系统领域的长期垄断②。中科创达自主研发的滴水操作系统则是业界首创的舱驾一体操作系统，具备全开放、全链接等特点，能够满足智能驾驶在功能安全方面的严苛需求③。

---

① 何庆:《新型车联网技术支持下的整车远程健康监测与预测分析》,《专用汽车》2024 年第 9 期。

② 奚美丽，张远骏:《自动驾驶操作系统现状与发展趋势》,《汽车与配件》2021 年第 12 期。

③ 李周羲:《中科创达大模型加持，重新定义整车操作系统》,《产城》2023 年第 10 期。

（四）政府与公共部门

1. 政策制定者

在“人工智能 + 汽车”的产业生态系统中，政策制定者不仅是确保自动驾驶汽车安全和合规运行的守护者，也是引领技术创新与产业发展的关键推动者。他们负责制定自动驾驶汽车的安全标准、测试规范和运营法规，确保该技术在发展过程中始终符合安全要求。例如，我国发布的《汽车驾驶自动化分级》国家标准，为自动驾驶汽车的自动化程度设定了明确的分级标准。此外，政策制定者还负责制定数据安全和隐私保护的相关法规，确保消费者信息得到有效保护。

为了推动自动驾驶技术的持续创新与发展，政策制定者通过多种手段鼓励技术突破与基础设施建设，通过提供研发资金、税收优惠等政策，支持关键技术的创新与应用。例如，《“十四五”软件和信息技术服务业发展规划》提到了对前沿领域软件技术研发的支持。此外，政策制定者还大力推动智能交通基础设施的建设，包括车联网通信网络、高精度地图和道路感知设备，为自动驾驶汽车提供必要的技术支持。中国的“新基建”战略中，5G、物联网、人工智能和智能交通基础设施等与自动驾驶技术紧密结合。这一战略为自动驾驶技术的发展提供了宝贵的战略机遇期。

2. 交通管理部门

在“人工智能 + 汽车”的产业生态系统中，交通管理部门作为智能出行的规划者和监管者，正积极拥抱技术变革，推动构建安全、高效、绿色的智能交通体系。

交通管理部门通过强化组织协调和督促指导，引领自动驾驶技术的发展方向。2020 年 12 月，《交通运输部关于促进道路交通自动驾驶技术发展和应用的指导意见》发布，提出加强自动驾驶技术研发、提升道路基础设施智能化水平等方面的发展任务。

进一步地，为了加快自动驾驶技术的落地应用，交通管理部门积极加大支持力度。2021 年 11 月，交通运输部启动了自动驾驶和智能航运的先导应用试点工作，推动新一代信息技术与交通运输的深度融合。 2023 年，发布了

《自动驾驶汽车运输安全服务指南（试行）》，首次从国家政策层面明确了智能网联汽车可用于运输经营活动，为中国自动驾驶技术的商业化应用按下了“加速键”。

此外，交通管理部门还注重宣传和科普教育，营造有利于自动驾驶技术发展的良好环境。通过举办自动驾驶技术展览、科普讲座等多种形式的活动，交通管理部门不断加大科普宣传力度，提升公众对自动驾驶技术的认识与接受度。

3. 技术标准组织

在“人工智能 + 汽车”产业生态系统中，国际标准化组织（ISO）负责制定全球自动驾驶汽车相关的国际标准，如 ISO 26262《道路车辆 功能安全》，该标准明确了道路车辆的功能安全要求。美国国家公路交通安全管理局（NHTSA）则负责制定美国自动驾驶汽车的法规和政策，并确保汽车制造商严格遵守这些规定。中国汽车技术与研究中心在制定中国自动驾驶汽车标准和法规方面发挥重要作用，并承担相关的测试和评估工作。中国工业和信息化部致力于推动中国自动驾驶技术的发展，制定了包括《汽车驾驶自动化分级》在内的政策和标准。

技术标准组织在定义技术框架和接口标准中起到核心作用。通过深入研究，这些组织制定出一套全面、细致的技术框架，明确了人工智能技术在汽车领域的应用范围、数据处理流程和算法安全要求。同时，车辆间及车辆与基础设施间的通信接口标准也得到了统一，为不同品牌和系统之间的互联互通奠定了基础。

此外，技术标准组织在推动安全标准与测试规范发展方面发挥着至关重要的作用。鉴于自动驾驶汽车与公共安全密切相关，技术标准组织致力于建立严格的安全评估体系和测试方法，确保车辆在复杂多变的道路环境中稳定、安全地运行。这些标准的内容不仅涵盖车辆软硬件的安全性，还涉及数据隐私保护和网络安全防护，为自动驾驶技术的广泛应用提供了安全保障。

4. 高校与科研院所

高校与科研院所是我国人工智能技术研发的重要力量，凭借其深厚的学科积累和强大的科研能力，积极参与自动驾驶、智能座舱、车联网等关键技术的研究与开发。近年来，我国高校和研究机构在自动驾驶领域的专利申请数量显著增长，展现出强劲的创新活力。其中，吉林大学、清华大学、同济大学、北京航空航天大学、江苏大学和东南大学等高校的专利申请数量名列前茅，创新活跃度较高。

此外，高校及科研院所还与产业界紧密合作，针对行业需求开展技术攻关，加速了科技成果的产业化。早在 2011 年 7 月，国防科技大学就与一汽红旗合作，成功研发了无人驾驶汽车 HQ3，并完成了全程 286 公里的高速无人驾驶测试。百度自其 Apollo 计划推出以来，也积极与清华大学、上海交通大学等国内顶尖高校合作，内容涵盖自动驾驶技术的研发、测试与验证等多个环节，进一步推动了“人工智能 + 汽车”产业的发展。

二、“人工智能 + 汽车”产业生态系统中的合作

在“人工智能 + 汽车”的产业生态系统中，关键参与者之间的合作是推动技术创新和产业发展的关键。制造商与零部件供应商的紧密合作确保了先进技术的有效集成与应用；制造商与平台提供商的合作则加速了智能系统和车联网服务的开发；制造商与政府和公共部门的合作推动了行业标准的制定、政策支持的落实以及基础设施的建设。制造商、零部件供应商、平台提供商、公共部门之间通过全方位合作，共同构建了一个互联互通、协同发展的生态系统，为智能网联汽车行业的持续进步奠定了坚实基础（见表 5-1）。

表 5-1 “人工智能 + 汽车”产业生态系统中的合作模式举例

合作方	合作方式	举例
制造商与零部件供应商	智能传感器供应与集成	Innoviz Technologies 向 Cariad 提供激光雷达硬件和配套软件
	智能化零部件联合研发	大众与博世合作开发自动驾驶系统
制造商与平台提供商	车载操作系统联合开发	沃尔沃与谷歌合作开发车载操作系统
	智能驾驶辅助系统联合开发	大众和 Mobileye 强化在高级驾驶辅助系统方面的合作
	智能互联平台联合开发	上汽与阿里巴巴成立斑马合资公司，主攻车联网技术
	共享出行平台集成	小鹏 G3 正式上线滴滴出行旗下的小桔租车平台

续表

合作方	合作方式	举例
制造商与政府等公共部门	法规与政策合作制定	特斯拉中国一直在协助相关部门推动高级别自动驾驶相关法律法规的制定
	安全标准与认证合作	吉利成为国际汽车工作组（IATF）首家亚洲会员，代表着中国汽车企业参与国际汽车质量标准制定
	智慧交通与基础设施建设	蔚来建设换电站
	前沿技术研发合作与人才培养	百度 Apollo 与清华大学、上海交通大学等高校合作

资料来源：作者整理。

（一）制造商与零部件供应商合作

1. 智能传感器供应与集成

在制造商与零部件供应商的合作中，常见的一种模式是整车制造商直接采购现成的智能传感器产品，如激光雷达、毫米波雷达等。这些传感器能够实时捕捉车辆周围环境的细微变化，为智能驾驶系统提供丰富的数据支持，是自动驾驶技术的重要组成部分。汽车制造商需要将这些传感器集成到车辆系统中，确保其与其他电子系统的兼容性。在此模式下，智能传感器供应商作为独立的第三方，负责传感器的研发、生产和销售。通过直接采购，整车制造商能够快速获取并应用最新的传感器技术，缩短产品开发周期。

例如，2022 年 8 月，大众汽车集团与以色列激光雷达制造商 Innoviz Technologies 签订了一份价值约 40 亿美元的合同，后者为大众提供激光雷达传感器及感知软件[①]。特斯拉的智能传感器供应商则包括安森美半导体（供应图像传感器）、联创电子（供应摄像头模组）和欧菲光（供应摄像头模组）等。

2. 智能化零部件联合研发

在“人工智能＋汽车”产业生态系统中，由于零部件的智能化要求快速迭代，整车制造商与智能化零部件供应商必须建立紧密的合作关系，协力推动新技术的研发与应用。这种合作通常涵盖技术共享、联合开发及测试等环

① 杨艳，高玉英：《智能网联产业链分析——激光雷达成关键部件》，《汽车与配件》2018 年第 18 期。

节，双方共同面对技术挑战，探索新的技术路径和应用场景。通过联合研发，整车制造商可以根据自身需求对智能化零部件进行深度定制，确保其与车辆系统的无缝对接及性能优化。这类合作模式通常基于长期战略协同，不仅有助于双方构建稳定的合作关系，还有益于企业应对市场变化与竞争压力。

例如，德国博世集团作为全球领先的汽车传感器供应商之一，提供包括雷达和激光雷达在内的广泛传感器解决方案，用于自动驾驶。大众汽车集团（Volkswagen Group）旗下的软件子公司 Cariad 与博世建立了全面合作关系，共同开发大众乘用车的自动驾驶软件，实现技术的深度整合与创新。

（二）制造商与平台提供商合作

1. 车载操作系统联合开发

整车制造商与车载操作系统开发商之间通常采取多样化的合作模式，例如，建立长期战略合作伙伴关系、开展联合研发项目、进行定制化开发以及技术授权与许可等。这些合作不仅实现了资源共享和优势互补，还促使双方共同推动技术和产品的创新，加快了汽车产业的智能化转型和升级进程。

以谷歌和沃尔沃的合作为例，双方建立了战略合作伙伴关系，共同推进智能网联汽车的发展。谷歌将其在人工智能、大数据和云计算等领域的先进技术应用于车载操作系统的开发中，为沃尔沃提供了基于安卓（Android）的车载操作系统解决方案。这种合作模式不仅加快了技术创新和产品升级，提升了用户体验，还促进了资源的优化配置与产业的协同发展。

2. 智能驾驶辅助系统联合开发

在智能网联汽车行业中，智能驾驶辅助系统已成为智能网联汽车构筑核心竞争优势的关键要素。整车制造商与智能驾驶辅助系统开发商之间的合作，旨在通过技术融合与创新，提升汽车的安全性、舒适性和便捷性，满足消费者对高品质出行的需求。

举例而言，英特尔旗下 Mobileye 与大众、福特和极氪在 2022 年国际消费类电子产品展览会上共同宣布了围绕 Mobileye 的地图、高级驾驶辅助系统和自动驾驶汽车技术的全新合作规划。同年 9 月，Mobileye 和吉利控股集团宣布，将进一步扩大双方在高级驾驶辅助系统和自动驾驶汽车技术方面的合作[①]。

3. 智能互联平台联合开发

在“人工智能+汽车”的产业生态系统中，智能互联平台开发商以技术优势赋能整车制造商，通过赋能智能驾驶、智能互联、人机交互等来提升智能化水平，从而增强产品的市场竞争力。此外，与智能互联平台开发商合作，整车制造商可以整合更多的生态资源，实现资源共享和成本分摊，从而提升技术应用的效率和效果。

例如，传统汽车制造商上汽集团与阿里巴巴集团共同打造的智能网联汽车，搭载了AliOS系统，融合电商、支付、娱乐等丰富生态资源，辅以智能语音、车载娱乐及远程控制等功能，为用户带来前所未有的便捷与智能出行体验。新兴汽车制造商蔚来携手腾讯，利用后者在云计算、大数据、人工智能方面的优势，共同推进智能驾驶地图、自动驾驶云及数字生态社区等前沿技术，实现“三图合一”地图体系，加速智能驾驶技术的革新与用户体验的飞跃 。理想汽车与华为紧密合作，多款车型搭载华为芯片与解决方案，成功实现L2级别自动驾驶，赢得全球认可。这些合作不仅推动了汽车智能化进程，也重塑了未来出行。

4. 共享出行平台集成

对于整车制造商而言，共享出行平台集成意味着能够直接触达广泛的用户群体，快速验证并优化产品性能，同时借助平台的品牌影响力实现市场的拓展。此外，通过收集并分析平台上的用户行为数据，制造商能够更精准地把握市场需求，推动产品的持续创新与升级。

以小鹏汽车与滴滴出行为例。小鹏汽车凭借其先进的智能驾驶技术和优质的新能源汽车产品，为滴滴出行提供了高品质的出行解决方案[②]。与此同时，滴滴出行则利用自身庞大的用户基础和数据资源，为小鹏汽车提供了宝贵的市场反馈和运营支持。基于此，双方通过优势互补，共同探索了智能出行的新模式，为行业树立了标杆。

---

① 《印记》,《经营者（汽车商业评论）》2022年第10期。

② 李琳:《小鹏热衷“组CP”》,《汽车观察》2023年第5期。

（三）制造商与政府和公共部门合作

1. 法规与政策合作制定

随着智能网联汽车技术的不断进步，智能网联汽车行业的法规与政策面临着更新。制造商与政策制定者之间联系紧密，双方共同推动自动驾驶汽车的测试与示范项目，深入探索智能网联汽车的技术特点、发展趋势以及潜在风险，为制定科学合理的法规框架提供技术支持和参考意见。

例如，特斯拉作为全球领先的电动汽车和自动驾驶技术公司，积极与多国政府合作推动自动驾驶技术的发展。特斯拉不仅在全球多个地区开展自动驾驶汽车的测试与示范项目，还与政策制定者紧密合作，推动自动驾驶相关法规的优化与完善，为智能网联汽车的发展提供必要的支持和保障[①]。

2. 安全标准与认证合作

为了提升产品的市场竞争力，制造商需要与技术标准组织紧密合作，共同制定“人工智能 + 汽车”行业的安全标准和认证体系。这些标准不仅涵盖了智能驾驶系统、车载智能设备、数据安全与隐私保护等多个方面，还涉及人工智能算法的安全性、可靠性和伦理道德要求。

举例而言，2023 年 1 月 13 日，吉利宣布正式加入国际汽车工作组，成为亚洲首个参与全球汽车标准制定的车企。通过与技术标准组织合作，吉利汽车能够及时了解国际国内的最新安全要求和技术动态，确保自身产品的技术领先性和合规性。

3. 智慧交通与基础设施建设

在智慧交通与基础设施建设的浪潮中，整车制造商与公共部门如交通管理部门之间的合作日益紧密。整车制造商提供先进的自动驾驶技术与智能车辆，而交通管理部门则负责构建适应这些新技术的交通基础设施与管理体系。双方携手，共同推动智慧交通的发展，旨在提升交通效率、增强道路安全，并促进城市交通的智能化转型。

整车制造商与交通管理部门紧密合作，共同推进智能网联测试场建设，为自动驾驶汽车提供安全可靠的测试环境。同时，双方联合开展自动驾驶示

---

① 芯榜:《特斯拉大动作》,《服务外包》2023 年第 12 期。

范项目，展示技术成果，加速商业化进程。此外，双方在数据共享、标准制定等方面也取得显著进展，为智慧交通的可持续发展奠定了坚实基础。

4. 前沿技术研发合作与人才培养

在前沿技术研发合作与人才培养上，“人工智能 + 汽车”产业生态系统的制造商与高校、科研院所通过联合实验室、研发项目、技术研讨会等多种形式，共同推进自动驾驶、智能网联、车载智能系统等关键技术的研发与应用。这种合作模式不仅加速了新技术的迭代升级，还促进了科技成果的转化落地，为汽车产业的高质量发展注入动力。

此外，制造商还积极参与高校的人才培养计划，通过设立奖学金，建设实习实训基地，设立产学研合作项目，联合培养研究生、博士生等方式，为学生提供接触前沿技术、了解行业动态的机会，推动汽车领域的学术研究与技术创新深度融合，同时也为汽车产业源源不断输送优秀人才，为行业的可持续发展奠定人才基础。

三、“人工智能 + 汽车”产业生态系统中的竞争

“人工智能 + 汽车”产业生态系统中的竞争有两类：产业生态系统内的竞争，包括整车制造商间的竞争、零部件供应商间的竞争以及平台间的竞争；产业生态系统间的竞争，包括传统汽车生态与智能网联汽车生态间的竞争、智能出行服务生态与传统出行生态间的竞争，以及创新与标准化的国际竞争。

（一）产业生态系统内的竞争

1. 整车制造商间的竞争

近年来，“人工智能 + 汽车”领域迎来前所未有的发展热潮，新进入者逐年递增，市场竞争格局日益复杂且多元化。传统汽车制造商如丰田、大众、通用、福特等凭借深厚的积累稳扎稳打，科技企业如特斯拉、谷歌等以创新技术引领潮流，蔚来、小鹏、理想等新兴车企则凭借敏锐的市场洞察力和灵活的运营策略迅速崛起。根据中国汽车工业协会 2024 年 1—8 月数据，中国新能源汽车市场销量前三名分别为比亚迪（35.2%）、上汽集团（含五菱

宏光，12.8%）、吉利汽车（8.5%）；特斯拉份额降至7.1%，列第四位；理想（4.7%）、蔚来（3.2%）、小鹏（2.9%）仍保持新势力头部地位。

具体而言，整车制造商之间的竞争主要集中在技术创新和产品差异化上。随着深度学习、计算机视觉、激光雷达等前沿技术的持续突破与深度融合应用，“人工智能+汽车”领域内的技术正以前所未有的速度向前跃进。各大整车制造商纷纷加大研发投入，或独立深耕，或携手科技公司，共同推动智能驾驶技术的边界拓展。其中，特斯拉以其Autopilot系统和FSD技术在自动驾驶领域拥有大量专利，保持技术领先地位。中国车企如比亚迪亦不甘示弱，组建起超4000人的智驾精英团队，全力布局自动驾驶领域。

在产品策略上，各个整车制造商根据自身资源禀赋和市场定位，采取了差异化竞争策略。特斯拉作为新能源汽车和智能驾驶技术的先驱者，其FSD V12系统通过深度学习模型实现了从感知到控制的无缝连接，极大地提升了自动驾驶的效率和安全性，成为其差异化竞争的核心优势。相比之下，大众等传统汽车制造商则采取渐进式发展路径，从辅助驾驶功能逐步向更高级别的自动驾驶过渡，注重产品的实用性和经济性，以满足更多消费者的需求。新兴车企展现出更高的灵活性与创新性，如小鹏汽车的P7、G3车型突出智能化和自动驾驶功能，精准捕捉年轻消费群体需求，蔚来的ES8、EC6等高端智能电动车型提供豪华体验和优质服务，定位高端市场。

2. 零部件供应商间的竞争

在零部件供应市场中，技术实力已成为供应商间竞争的核心要素。在激光雷达、空气悬架、高精地图、前视摄像头等细分市场中，市场集中度显著，龙头企业凭借强大的研发实力、技术积累以及市场影响力，占据了较大的市场份额。随着技术的不断革新和市场的持续演进，多元化趋势日益明显。新兴企业凭借技术创新和市场策略的调整，逐渐缩小与领先者的差距，为市场注入了新的活力。车载摄像头与激光雷达等自动驾驶关键零部件的市场竞争格局呈现出显著的层次分化与国产替代加速趋势①。

① 李骥驰，王建海，宋瑞：《国内智能网联汽车传感器企业发展现状研究》，《汽车与配件》2020年第11期。

在车载摄像头领域，安森美、韦尔股份（收购豪威科技）等第一梯队企业引领市场，舜宇光学作为镜头供应商龙头稳占市场高地，同时，联创电子、欧菲光等国内企业迅速崛起，形成与国际厂商激烈竞争的多强局面。

在激光雷达领域，禾赛科技是全球自动驾驶激光雷达的领军企业，速腾聚创在市场上排名第二。毫米波雷达市场则高度集中在外资手中，博世集团、大陆集团等巨头占据绝对优势，但国内企业在 MMIC 芯片及整机制造上正加快国产替代步伐，德赛西威等已具备量产能力。

总体而言，自动驾驶主芯片市场更是群雄逐鹿，车企、人工智能芯片供应商、传统汽车芯片供应商及消费电子巨头激烈交锋，同时催生了一批如地平线、黑芝麻智能等的国内初创公司，共同推动市场格局的多元化与动态发展。可以看到，零部件供应商之间的竞争日益激烈，技术创新与国产替代成为推动市场发展的关键。

3. 平台间的竞争

随着自动驾驶技术的不断成熟和商业化应用的加速，自动驾驶软件开发商、车联网平台供应商，以及操作系统与中间件开发商等在各自领域展开激烈竞争。

自动驾驶软件开发商之间的竞争主要集中在技术实力、创新能力以及解决方案的成熟度等方面。领先的开发商如百度 Apollo 和特斯拉，凭借其在自动驾驶算法、环境感知、决策规划等方面的技术积累，持续推出具有竞争力的自动驾驶软件产品。

车联网平台供应商的竞争则主要体现在平台功能的多样化、用户体验的优化以及数据处理能力上。领先的供应商如华为和阿里巴巴，通过提供全面的车联网解决方案，满足了用户的多样化需求，并显著提升了用户体验。

操作系统与中间件开发商的竞争主要体现在技术壁垒和专利布局上。操作系统和中间件是自动驾驶技术的核心组成部分，技术门槛较高，领先的开发商如 QNX、Linux 和 Android，通过长期的技术积累和专利布局构筑竞争优势，占据市场制高点。

（二）产业生态系统间的竞争

1. 传统汽车生态与智能网联汽车生态间的竞争

当前，自动驾驶技术的竞争已进入白热化阶段。传统汽车企业如丰田坚持“渐进式”技术路线，通过逐步从辅助驾驶向自动驾驶过渡，稳步推进市场布局并保持品牌优势。特斯拉作为智能网联汽车生态的先锋，采取了“跨越式”技术路线，直接瞄准 L4 或 L5 级别目标，凭借其电池技术、自动驾驶算法及软硬件一体化的创新优势，迅速占领市场高地，对传统车企形成了强有力的挑战。

面对这一变革，以大众为代表的传统车企迅速调整战略，积极投身于产业链的重构与优化，不仅深化与长期零部件供应商的合作关系，还积极探索与新兴科技公司（如自动驾驶软件提供商、传感器制造商等）的跨界合作模式，确保供应链的稳定性和技术创新的持续性。相比之下，蔚来等智能网联汽车新势力自创立起便构建了高度整合的产业链，与科技公司、出行服务商等紧密合作，形成协同创新生态，加速产品迭代和市场响应速度。

2. 智能出行服务生态与传统出行生态间的竞争

随着城市化进程加速和环保意识不断增强，智能出行服务生态正逐渐成为市场发展的新趋势。许多国家和地区已出台政策，推动智能出行服务的发展，如鼓励使用新能源汽车、建设智能交通系统等。这些政策为智能出行服务生态的扩展创造了有利条件，而传统出行模式则可能面临更多的监管限制，如燃油车限制和更严格的排放标准。

智能出行服务生态依托先进的人工智能、大数据分析和云计算技术，提供了更加个性化、高效、便捷的出行解决方案。例如，智能出行平台通过实时交通数据分析，能够优化路线规划，缓解交通拥堵，并提供更精准的出行时间预测。这种技术驱动的创新是传统出行模式难以企及的，后者往往受限于固定的服务模式和较低的技术创新能力。

智能出行服务生态高度重视用户体验，通过移动应用程序提供一站式服务，包括车辆预订、行程规划、电子支付等，极大地提升了用户的便利感和满意度。此外，智能出行服务还能根据用户的偏好和行为模式提供个性化的服务，如无人驾驶出租车服务，进一步提升了出行的舒适度和安全性。相比之下，传统出行模式通常无法提供同等水平的个性化服务，用户体验也较为单一。

3. 创新与标准化的国际竞争

在全球自动驾驶技术蓬勃发展的背景下，各国纷纷加大研发投入，积极推出自主智能驾驶解决方案，力图在全球市场中占据领先地位。这场全球技术创新竞赛不仅加速了智能驾驶技术的迭代，无形中也构建了技术壁垒，进一步加剧了国际间的专利争夺。

作为全球科技创新的领头羊，美国在自动驾驶技术的研发上投入巨大。硅谷的科技巨头如谷歌和特斯拉等公司，在传感器精度、算法优化和芯片算力等方面取得了显著进展。特斯拉的 FSD V12 系统通过深度学习模型，实现了从感知到控制的无缝连接，大幅提升了自动驾驶的效率和安全性。欧洲的传统汽车制造强国如德国和法国，依托大众、奔驰、宝马等车企的深厚技术积累和制造经验，在自动驾驶技术的商业化应用中也占据了重要地位。与此同时，中国政府高度重视自动驾驶技术的发展，出台了一系列政策支持自动驾驶产业。百度、小马智行、蘑菇车联等中国企业在环境感知、决策算法和车联网技术方面取得了重大突破，中国新能源汽车的快速发展为智能驾驶技术的应用提供了广阔的市场空间。

随着智能驾驶技术的逐步成熟，国际标准化组织和各国政府纷纷着手制定相关标准，以引导技术发展并明确应用场景的边界。在此过程中，各国都试图推动本国的技术标准和法规体系走向国际舞台，以争取国际话语权。这场标准化竞争不仅关系到技术标准的制定权，更直接影响各国企业在国际市场中的竞争力和市场份额。

第六章 “人工智能+汽车”的政策建议

一、政府侧完善法律与法规框架

随着人工智能技术引发汽车行业的深刻变革，传统法律体系在应对自动驾驶和智能网联汽车时显得滞后。因此，建立一个完善的法律和法规框架，成为保障智能网联汽车安全性、合法性及社会接受度的关键措施。

（一）建立智能网联汽车专用法律体系

建立智能网联汽车的专用法律体系是确保其安全性和合法性的关键一步。当前，智能网联汽车融合了人工智能、物联网、大数据等技术，其运行模式与传统汽车有显著区别，因此需要单独的法律体系进行监管。

1. 明确自动驾驶法律地位

现行交通法规通常假设所有车辆都是人工驾驶，因此自动驾驶汽车的法律地位尚未明确。为了推动智能网联汽车的发展，必须赋予自动驾驶车辆明确的法律地位。具体来说，自动驾驶车辆应根据自动化级别（如 SAE 自动驾驶分级体系）进行分类，并根据不同的自动化级别，制定相应的法律条款和监管标准。

例如，在有条件的自动驾驶（L3 级别）模式下，驾驶员仍需具备随时接管车辆的能力，因此需要规定在驾驶员接管失败时的法律责任。对于高度或完全自动驾驶（L4 或 L5 级别）的车辆，法律应明确其在交通行为中的地位，规定在无驾驶员参与的情况下，自动驾驶系统如何承担行驶责任。通过明确自动驾驶的法律地位，可以有效减少因法律模糊带来的技术应用障碍，同时为未来的技术发展提供清晰的法治路径。

2. 驾驶责任与权责划分

在智能网联汽车的使用过程中，驾驶责任的界定变得复杂。传统驾驶责任由驾驶员承担，而在自动驾驶技术介入的情况下，责任划分需要重新审视。应当根据智能网联汽车的自动化级别，明确驾驶员与系统的责任。

例如，在 L3 级别自动驾驶模式下，驾驶员仍需对车辆进行监控，因此在事故发生时驾驶员仍需承担部分责任；而在 L4 或 L5 级别的全自动驾驶模式下，驾驶责任可能转移到车辆制造商或系统供应商身上。因此，需要建立一种动态的法律责任分配框架，根据不同的自动化水平合理划分驾驶员、制造商和系统供应商的责任。同时，建立事故责任追溯机制，确保在发生交通事故时能够通过数据追踪明确责任方。

3. 隐私与数据保护法

智能网联汽车依赖于大量数据，包括车辆位置、驾驶行为、交通流量等信息的采集与传输，这些数据的使用和保护涉及用户的隐私权问题，因此，有必要制定专门的隐私与数据保护法，规范智能网联汽车数据采集、存储、使用、共享和销毁等环节中的行为。

首先，应明确用户对其数据的知情权和控制权，确保用户在数据使用和分享前有充分的知情权，并能够决定数据的使用范围。其次，应规范数据的匿名化处理，避免敏感个人信息的泄露。此外，针对可能发生的网络攻击和数据泄露事件，法律应当要求智能网联汽车制造商和服务提供商采取有效的安全措施，防止数据的非法获取和滥用。同时，政府应设立相应的监管机构，定期对智能网联汽车数据安全进行评估和监督。

4. 改变城市规划与交通模式

智能网联汽车的发展将对城市规划和交通模式产生显著影响。自动驾驶技术的普及可能改变人们的出行方式和交通流量结构，进而为城市交通管理和基础设施建设带来新的挑战和机遇。首先，随着自动驾驶车辆的逐渐推广，公共交通系统、停车场布局和道路设计可能需要重新规划，以适应无人驾驶车队的运行模式。其次，智能网联汽车有潜力改变传统的交通拥堵模式，减少车辆的闲置时间，提升交通效率。

在评估智能网联汽车对城市规划的影响时，应综合考虑其对道路安全、能源消耗、环境保护和基础设施投资的潜在影响。例如，自动驾驶可能减少交通事故，从而降低社会成本，节约能源，并减少碳排放。然而，在过渡期内，人类驾驶员与自动驾驶车辆共存可能带来复杂的交通安全管理问题。政策制定者需基于这些评估结果，优化交通法规和城市设计，确保智能网联汽车的应用有助于促进城市的可持续发展。

为应对这些挑战，城市规划者和交通管理部门应与智能网联汽车企业紧密合作，探索新的交通模式和规划方案。此外，政府应通过政策引导，推动智能网联汽车与公共交通系统的协同发展，避免私家车数量增加导致的城市扩张和交通拥堵问题。通过有效的社会影响管理，智能网联汽车技术的积极作用可以最大化，推动实现更加智能化和可持续的未来。

（二）构建智能网联汽车测试与认证标准

为确保智能网联汽车在安全性、可靠性和合规性方面达到标准，制定完善的测试与认证体系至关重要。这些标准的内容不仅涵盖车辆在实际道路上的性能测试，还涉及智能网联汽车的核心技术，包括软件、算法及网络安全等多个维度。

1. 道路测试标准

智能网联汽车的道路测试是确保其安全上路的关键环节。除了传统汽车的测试要求，智能网联汽车还需接受严格的自动驾驶功能测试。针对不同自动化级别，测试内容应包括自动驾驶系统在多种复杂路况和交通环境中的表现，如在城市道路、高速公路，以及恶劣天气条件下的应对能力。

此外，政府应制定明确的道路测试标准，规范责任分配和安全保障措施。在道路测试期间，车辆应配备有能力随时接管的驾驶员，以应对突发情况。系统化的道路测试与认证流程可以确保智能网联汽车在实际运营中的安全性，并增强公众对该技术的信任。

2. 软件与算法验证标准

智能网联汽车依赖于高度复杂的软件和算法，尤其是自动驾驶核心技术，如环境感知、路径规划和决策控制。这些算法的准确性与稳定性直接影响车辆的安全性和性能表现。因此，必须制定专门的软件和算法验证标准，以确保智能网联汽车具备可靠的决策能力和安全性能。

首先，对于自动驾驶系统中的人工智能算法，验证标准应包括模型的可解释性、适应性和透明性要求。特别是对于深度学习和机器学习算法，应严格审查训练数据的来源、算法的公平性，以及对极端情况的应对能力。其次，软件可靠性测试应确保在车辆行驶过程中不会发生系统崩溃或失灵。应建立有效的软件更新和版本控制机制，确保更新不会引入新的安全隐患或漏洞。

3. 网络安全法规

随着智能网联汽车日益互联化，网络安全问题愈发重要。车辆通过互联网与外部系统交换数据，可能面临黑客攻击和数据泄露的风险，进而危及乘客和社会安全。因此，制定专门的网络安全法规对于智能网联汽车的长远发展至关重要。

首先，要求智能网联汽车制造商采用最新的加密技术，确保车辆与外部系统之间的数据传输安全。其次，智能网联汽车应具备实时监控和应对网络攻击的能力，能够及时隔离攻击并防止系统瘫痪。再次，网络安全法规还应要求制造商提供持续的安全更新，确保能够快速修复新型安全威胁。此外，政府应要求智能网联汽车定期接受独立的网络安全审查和测试，确保其防护能力符合行业标准。

二、行业侧建立智能网联汽车伦理框架

随着智能网联汽车技术的迅速发展，智能网联汽车在自动驾驶、数据处理和算法决策等方面的广泛应用带来了诸多伦理挑战，这不仅涉及技术设计和实施的公平性问题，还关乎社会整体的安全与信任。因此，在推动智能网联汽车发展的过程中，行业协会必须高度重视其所带来的伦理问题和社会影响，并通过行业标准予以规制。这是确保技术与社会和谐共存、实现可持续发展的必要举措。

在推动智能网联汽车技术发展的过程中，构建一个系统化的伦理框架至关重要。该框架旨在应对自动驾驶及相关技术可能带来的伦理挑战，确保技

术应用符合社会道德标准，保障各方利益，通过建立明确的伦理准则、多元化的伦理审查机制以及有效的评估工具，为智能网联汽车行业提供坚实的伦理保障。

（一）制定伦理准则

智能网联汽车伦理框架的核心是制定一套清晰、全面的伦理准则。这些准则应涵盖自动驾驶决策、数据隐私、算法公平性以及技术应用的社会影响等方面。具体来说，伦理准则应规定如何在自动驾驶中平衡安全与道德责任，如何处理复杂的道德困境，以及如何在保护隐私的前提下充分利用数据。

准则的制定需广泛征求不同领域的专家，包括法律、技术、伦理学和社会学等方面的专业人士的意见。同时，准则应充分考虑全球不同国家和地区的法律和文化背景，以确保其适用性和可操作性。这些准则将为智能网联汽车的研发、测试、投放和使用提供道德指引，使技术进步始终符合社会价值。

（二）设立成员多元化的伦理委员会

为了确保伦理准则的有效落实，智能网联汽车行业需设立成员多元化的伦理委员会。该委员会应由来自不同学科、行业和社会群体的代表组成，包括技术专家、法律学者、伦理学家、政府监管机构人员以及消费者代表。这种多样性有助于伦理委员会从多角度审视智能网联汽车的伦理问题，做出平衡多方利益的决策。

伦理委员会的职责包括审查智能网联汽车项目的道德合规性，监督技术应用中的伦理风险，并向技术开发者和政策制定者提供伦理建议。此外，伦理委员会还应与政府、行业协会和学术机构密切合作，确保伦理评估标准与法规政策协调一致。通过这一机制，可以在技术发展与社会价值之间建立有效的对话平台。

（三）开发伦理评估工具

为了在实践中有效评估智能网联汽车的伦理影响，必须开发专门的伦理评估工具。这些工具可以帮助智能网联汽车企业、监管机构和研究人员系统地识别、分析和应对潜在的伦理风险。伦理评估工具应具备以下关键功能：首先，工具应能够评估自动驾驶技术在实际应用中面临的伦理困境，特别是紧急情况下的道德决策；其次，工具应能够检测并纠正算法中的偏见，确保技术在不同社会群体中的公平应用；最后，工具应持续监测数据隐私的保护情况，预防数据泄露或滥用的风险。

这些评估工具的开发可以借鉴其他高风险技术领域的伦理审查机制，如医疗行业的伦理委员会和隐私保护工具。通过开发和施用有效的伦理评估工具，智能网联汽车行业可以在推动技术创新的同时，最大限度地减少其对社会的负面伦理影响，确保智能技术的可持续发展。

三、企业侧树立以人为本的研发理念

智能网联汽车的应用不仅涉及技术层面的挑战，还带来了社会价值观和道德规范的考验。智能网联汽车企业是技术研发项目实施的最重要主体。企业可以通过建立覆盖内部各部门的数据安全工作体系、构建算法透明机制等方式，对数据与算法实施内部技术审查；同时加强研发治理，包括开展研发人员伦理道德培训和技术能力培训，以及实施全流程监督等措施。

（一）数据和算法技术审查

智能网联汽车的算法决策涉及算法偏见问题。由于自动驾驶技术依赖大数据和机器学习，如果数据本身存在偏差，或算法设计未能充分考虑公平性问题，可能导致某些群体在智能网联汽车应用中受到不公平对待。

例如，某些数据集可能在性别、种族或社会经济地位方面存在隐性偏见，导致系统对某些人群做出不平等决策。在极端情况下，这种偏见可能对弱势群体造成歧视或更严重的风险。因此，在智能网联汽车的算法设计和测试中，必须系统性地审查公平性和偏见问题。伦理委员会和相关技术标准机构应制定并执行公平性检测的标准，确保算法不会放大社会不公，而要推动智能网联汽车行业向更加公正和包容的方向发展。

1. 建立数据安全工作体系

智能网联汽车大量依赖数据来提高自动驾驶的安全性和效率，这些数据不仅包括车辆本身的信息（如位置、速度、行驶记录），还涉及车主或乘客的个人信息（如出行习惯、健康信息等），这对数据隐私保护提出了巨大挑战：如何确保个人隐私不被滥用或泄露？

在智能网联汽车的数据生态系统中，制造商、软件开发商、服务提供商和监管机构等多方都可能接触和处理车辆及其用户的数据。因此，明确各方在数据收集、处理、存储和分享中的道德责任至关重要。智能网联汽车的数据隐私政策不仅应遵循现有法律，还需在技术上加强数据加密和匿名化处理，确保数据得到道德且合法的使用。

2. 构建算法透明机制

要对算法的工作原理、目的意图、运行机制、决策逻辑等进行充分解释和说明。算法是人工智能研发的背后“推手”，算法借由数据产生知识，产生利润。算法创新使得传统的数据保护路径部分失效，例如，个人数据保护的同意原则已经基本被架空，对个人敏感数据的划分标准因算法的分析基本失去了意义。因此，除了对数据进行规制外，对算法进行规制也具有重要意义。智能网联汽车制造商在设计算法过程中要嵌入算法伦理，防止操纵用户或产生不公平的后果。组织内部要有算法披露机制。在研发阶段，应详细记录研发日志，搭建完善的算法框架，留存各项相关记录，确保全过程的可溯源性及可解释性。要开展持续的动态监测工作，对智能汽车技术和系统的实际应用过程进行全方位的监测，确保及时发现并处置相应的风险问题。

（二）对研发人员进行伦理道德和技术培训

企业在实施智能网联汽车研发项目时，无论高风险还是低风险，都要组织研发人员的伦理道德和技术培训，具体表现在以下方面：一是加强对研发人员的伦理道德教育培训，提升研发人员的伦理素养，促进智能网联汽车技术的健康发展。二是加强对研发人员的技术教育培训，提升研发人员的技术素养。可定期组织技术培训课程、知识分享会和技术讨论会议，研发人员可以展示自己的工作成果，分享经验和解决方案。

四、生态侧构建多方利益相关者协作的治理体系

随着智能网联汽车技术的不断发展，涉及多个行业、部门和社会群体的利益协作问题日益复杂。因此，构建多方利益相关者协作的治理体系对于确保智能网联汽车技术的稳步推进至关重要。一个有效的治理框架应协调政府、企业、学术界、社会团体及公众等不同利益相关者的需求，确保技术进步不仅能够推动经济增长，还能兼顾社会公平和公共安全。

（一）制定多方协作的治理机制

在智能网联汽车生态的治理中，建立多方参与、跨部门合作的协作机制至关重要。通过多方协作，才能有效应对智能网联汽车带来的技术、法律、伦理和社会影响等方面的挑战，确保技术的安全性、可控性和社会适应性。

1. 建立跨部门协作机制

智能网联汽车的治理涉及交通、通信、网络安全、法律监管等多个领域，因此需要建立跨部门协作机制，促进政府各部门间的合作。例如，交通部门应与公安、信息技术、工业制造等部门协同合作，共同制定交通管理和车辆监管的政策。同时，网络安全部门需与技术提供商紧密合作，确保智能网联汽车系统的安全性，防范数据泄露和网络攻击。

这一协作机制要求各部门不仅在政策上有效对接，还应建立定期的沟通与协商平台，以确保在政策制定和实施过程中信息透明、意见统一。此外，政府应支持跨部门试点项目，测试和完善智能网联汽车相关法律法规与政策框架，以应对潜在问题和技术需求。

2. 制定行业规范与标准

智能网联汽车行业的发展依赖统一的行业规范和标准，以确保技术的兼容性、安全性和可靠性。行业标准不仅能推动技术创新，还为企业之间的合作与竞争提供公平的环境。智能网联汽车行业的标准应涵盖软件和硬件的技术规范、数据处理和共享的要求，以及安全和隐私保护的相关规定。

为推动标准化进程，政府应与行业协会、研究机构及企业代表合作，共同制定智能网联汽车的技术标准和行业规范。同时，国际合作在标准制定中

同样至关重要，特别是在全球化生产和销售背景下，统一的国际标准能够促进全球智能网联汽车市场的健康发展。

（二）国际合作治理

随着智能网联汽车技术的全球化发展，国际合作治理已成为推动该领域创新和应对全球性挑战的必由之路。智能网联汽车的应用涉及跨国制造、技术转移、数据流动等多个方面。因此，国际社会亟须加强合作，建立统一的标准和法规，以促进全球市场的一致性和互操作性。

1. 参与国际标准制定

在智能网联汽车全球化发展的过程中，国际标准的制定与执行至关重要。统一的国际标准能够促进技术的互通性，提升产业效率，减少贸易壁垒，并确保产品的安全性与可靠性。为积极参与国际标准的制定，各国应通过官方代表或行业专家，积极参与国际标准化组织的讨论和决策，推动标准的制定与落实。

同时，国内企业和科研机构应加强与国际同行的合作，参与国际标准的研究与制定，确保本国企业在全球市场中保持竞争优势。通过推动国际标准的合作，不仅能促进智能网联汽车技术的全球推广，还能为不同国家的监管框架提供统一的指导原则。

2. 协调跨国法规

随着智能网联汽车的广泛应用，各国法律体系和政策要求的差异可能阻碍智能网联汽车的跨国生产、销售和使用。因此，协调跨国法规以应对智能网联汽车领域的技术挑战和法律需求显得尤为重要。

首先，各国政府应建立跨国合作机制，共同讨论并协调与智能网联汽车相关的法律问题，包括自动驾驶的法律地位、跨境数据流动中的隐私保护，以及事故责任认定等方面的法规协调。其次，推动国际多边协议的制定，可以减少各国在智能网联汽车领域的政策冲突，确保企业能够在全球范围内顺利运营。此外，跨国法规协调还应兼顾本地法律与国际法律的对接，避免法规实施中的法律真空或适用冲突。

（三）构建社会参与的反馈机制

在智能网联汽车技术快速发展的过程中，促进广泛的社会参与并建立高效的反馈渠道，能够增强政策的透明度、公平性和执行效果，满足公众对智能网联汽车技术的需求与期望。

1. 促进公众参与

公众参与是智能网联汽车治理中不可或缺的一环。政府在政策制定和实施过程中通过公开讨论、公众咨询以及让公众参与决策过程，可以更全面地了解社会对智能网联汽车的看法、疑虑和需求，从而确保相关政策更加具有针对性和有效性。例如，在自动驾驶技术的伦理问题和数据隐私保护方面，政府可以通过社会调研和公众咨询，了解公众的意见与期待，从而使法规和政策更具透明性和公正性。

通过教育与宣传，提高公众对智能网联汽车技术的认知也可促进公众参与。政府和企业应通过教育和宣传活动，向公众普及智能网联汽车的安全性、技术优势及潜在风险，帮助公众形成科学认知，并树立对智能网联汽车的积极态度。

2. 建立反馈渠道

有效的反馈渠道可以帮助监管机构和企业及时了解社会对智能网联汽车技术的评价和建议，以便调整政策、优化技术，从而更好地满足公众需求。

在线反馈平台：建立便捷的在线反馈平台，允许公众和其他利益相关者提出意见和建议。这些平台可以包括专门的政策咨询网站、社交媒体渠道和移动应用程序。通过这些渠道，公众可以轻松报告问题、参与调查并提供反馈。

多方参与的反馈机制：设立由政府、企业、学术界和公众代表组成的反馈委员会，负责整合各方意见并进行审查。这种多方参与的机制有助于确保反馈渠道的全面性和代表性，提升政策调整的科学性与公平性。

定期评估与改进：政府和企业应定期收集和分析社会反馈，以评估现有政策和技术的效果，并建立机制对反馈进行系统化的分析，必要时调整政策和技术。同时，定期发布反馈报告和改进措施，以增强政策的灵活性和有效性。

下篇

典型案例

第七章 | 整车制造

一、小鹏汽车智驾技术赋能智能网联汽车

（一）案例概要

1. 基本情况

广州小鹏汽车科技有限公司（以下简称小鹏汽车）是一家在智能技术领域领先的新兴汽车制造公司，专注于纯电动汽车的研发。公司拥有约 1.5 万名员工，其中研发人员占比约 40%。截至 2024 年末，小鹏汽车推出了六款车型，涵盖从入门到高端的多个细分领域，形成了多样化车型矩阵。公司在智能驾驶方面持续进行迭代与升级，在城市场景中的落地应用处于行业领先地位。智能座舱方面，小鹏汽车是首个具备自主研发语音基础能力的汽车品牌。电动化方面，自研的 XPower 3.0 动力系统使公司成为首个量产 800V 高压碳化硅（SiC）平台的品牌，同时推出 480kW 高压充电桩和自研储能充电技术，大幅提升了补能效率。2023 年 4 月，公司发布了全新的 SEPA 2.0 扶摇架构，进入平台化造车阶段，提升了造车效率，并为降低成本创造了空间，同时积极拓展海外市场，在智能驾驶浪潮中打造行业龙头优势。

2. 项目亮点

提质：自动泊车系统集成多个摄像头、超声波传感器和毫米波雷达，以全面获取车辆周围环境的信息。系统结合摄像头提供的视觉信息与雷达和超声波传感器的测距数据，通过数据融合算法提高环境感知的准确性。利用视觉信息，系统能够识别停车线和周围障碍物，而雷达和超声波传感器则提供距离和深度信息，帮助系统更准确地识别可用停车位。通过构建车辆周围的三维环境

模型，自动泊车系统为停车提供更精确的空间信息。此外，该系统可通过空中下载技术进行软件更新，持续优化视觉融合算法和泊车性能。

增效：图灵芯片作为智能驾驶技术的核心突破，采用 40 核心中央处理器（CPU）和自研神经网络处理器（NPU），提供前所未有的强大计算能力，支持大模型的本地运行，显著提升自动驾驶的决策效率。该芯片采用 5 纳米车规工艺，集成先进的图像信号处理（ISP）技术，确保复杂环境下的视觉清晰度，从而保障行车安全。芯片内设有独立安全岛，实现双芯片毫秒级备份，为 L4 级别自动驾驶提供顶级安全保障。其多元化的应用潜力不仅限于智能汽车，还延伸至 AI 机器人和飞行汽车领域，展现了小鹏汽车在智能驾驶技术领域的前瞻视野与全面布局。图灵芯片的成功标志着小鹏汽车在智能驾驶技术创新上的重大飞跃，推动行业向更智能、更安全的未来迈进。

降本：在自动驾驶技术方面，小鹏汽车率先推出了车载激光雷达辅助驾驶系统。公司正在致力于通过技术创新逐步减少对激光雷达的依赖，以降低成本，从而使高级驾驶辅助系统更加普及。目标是将这些系统的价格降低到万元以下，以便更多消费者能够接受和使用。

3. 项目特点

技术创新与自主研发：小鹏汽车在自动驾驶技术方面投入巨大，研发投入已超过 4 亿元人民币，并申请了超过 5600 项专利。公司自主研发的图灵芯片即将应用于自动驾驶系统，在芯片技术上实现自主化和创新。此外，小鹏汽车还是首家推出车载激光雷达辅助驾驶系统的企业，通过技术创新不断提升自动驾驶的性能和可靠性。

生态建设与全面布局：小鹏汽车不仅专注于汽车制造，还涉足智能网联生态系统中的企业，如芯片公司，通过技术整合和应用推动整个智能网联汽车生态系统的协同发展。公司在全国范围内建设了 1200 个自营充电站，并在广州、郑州和扬州设有研发和生产基地，形成了从研发到生产再到服务的完整产业链布局。同时，小鹏汽车还积极探索将自动驾驶技术应用于其他领域，如 AI 机器人和飞行汽车。

市场定位与国际化战略：小鹏汽车将目标市场明确定位于 C 端用户，即拥有私家车的个人用户，致力于为他们提供安全、便捷和经济的自动驾驶体验。公司不仅在国内市场表现出色，还积极拓展国际市场，产品已出口到欧洲、拉美等地区。这一国际化战略布局，使小鹏汽车能够更好地满足全球消费者的需求，提升品牌影响力和市场竞争力。

（二）技术架构

小鹏汽车的自动驾驶技术架构主要分为三个部分：感知层、决策与规划层、控制层。

感知层：感知层通过 12 个摄像头和多个毫米波雷达等传感器，结合实时动态（RTK）高精度定位技术和导航地图，为车辆提供精确的位置信息和对周围环境的全面认知。这相当于为车辆赋予“视觉”，使其能够了解自身位置及周围环境。

决策与规划层：在决策与规划层，系统根据导航地图和实时交通状况计算出最佳行驶路径。这包括判断车辆是否需要保持当前车道、变道或超车等。决策与规划可以看作是自动驾驶的“大脑”，需综合考虑交通规则、道路状况及其他车辆和行人的位置等因素。小鹏汽车采用自主研发的算法，结合了鸟瞰视角（BEV）模型和 Transformer 模型。BEV 模型的优势在于能够融合来自不同摄像头的数据，形成统一的 360° 全景视图，从而消除传统感知系统中的割裂感，无论物体是从后方接近、超车还是从侧方经过，都能够准确识别和追踪。

控制层：控制层负责执行决策规划的结果，通过精确控制车辆的加速、制动和转向，确保车辆沿既定路线安全行驶。在此过程中，系统需要实时监控车辆状态，并根据反馈进行调整，以应对不断变化的路况。

（三）业务介绍

1. 业务对象

C 端用户：小鹏汽车的主要业务对象是普通消费者，即拥有私家车的个人用户。公司致力于为这些用户提供安全、便捷、高效的自动驾驶解决方案和纯电动汽车产品。

海外市场：随着国际化战略的推进，小鹏汽车积极拓展海外市场，如欧洲、拉美等地区，并计划在更多国家和地区销售其产品。

合作伙伴：小鹏汽车与国内外多家供应商合作，共同研发和生产相关零部件，确保产品质量，努力进行技术创新。

2. 业务流程

小鹏汽车的业务流程涵盖了从产品研发、生产制造、市场销售等到充电基础设施建设以及售后服务等多个方面。

产品研发：在自动驾驶技术和纯电动汽车领域持续投入研发，涵盖新车型设计、芯片开发、机器学习和计算机视觉等多个方面。其 SEPA 2.0“扶摇”全域智能进化架构支持多品类车型的开发，缩短研发周期，提高零部件通用化率，实现高效研发和成本平衡。同时，在智能辅助驾驶和智能座舱等方面进行自主研发，例如，研发小鹏智能导航辅助驾驶（XNGP）系统，为消费者提供高端智能电动汽车体验。

生产制造：小鹏汽车拥有两家工厂，分别位于广东的肇庆和广州，负责汽车的生产制造。生产过程中，公司严格控制产品质量，确保每辆出厂的汽车都符合高标准。

市场销售：通过线上和线下渠道向消费者推广和销售多种类型的纯电动汽车，包括轿车、运动型多用途汽车（SUV）和多用途汽车（MPV）等。公司关注市场反馈和消费者需求，持续优化产品和服务，以提高市场占有率。

自动驾驶技术应用与推广：在自动驾驶技术方面，小鹏汽车取得显著进展，如推出车载激光雷达辅助驾驶系统、高速 NGP（智能导航辅助驾驶）和城市 NGP 等功能。公司致力于通过技术创新降低自动驾驶系统的成本，提高普及率，让更多消费者享受到自动驾驶带来的便利。

充电基础设施建设：小鹏汽车在全国范围内建设了 1200 个自营充电站，以满足纯电动汽车的充电需求。公司注重充电站的布局和覆盖范围，确保消费者能够便捷地充电。

售后服务：小鹏汽车提供完善的售后服务体系，包括维修保养和道路救援等服务，以保障消费者的用车体验。公司重视消费者的反馈和需求，不断改进和提升售后服务质量。

3. 典型应用场景举例

自动泊车：作为小鹏汽车自动驾驶技术的早期应用场景之一，自动泊车功能利用视觉感知技术（不同于传统超声波传感器系统）识别车位线条，实现车辆的自动泊入和驶出。这极大地提升了驾驶的便捷性和安全性，尤其是在拥挤的城市停车场中。

高速 NGP：高速 NGP 是一种高级驾驶辅助系统，允许车辆在高速公路上实现从起点到终点的自动驾驶，包括车道保持、超车和并线等操作。这一功能在高速公路这一路况相对简单的环境中得到了广泛应用，提升了长途驾驶的舒适性和安全性。

城市 NGP：针对城市驾驶环境的复杂性，小鹏汽车推出了城市 NGP 功能。该功能通过先进的技术和算法，使车辆能够在城市道路上应对各种复杂情况，如识别并应对非常规目标物、理解并遵守交通规则等。这一功能的应用，进一步推动了自动驾驶技术在城市环境中的普及和应用。

XNGP 技术：XNGP 技术是小鹏汽车在自动驾驶领域的一项重大突破，它允许用户从停车场出发时激活自动驾驶功能，之后系统将自动在高速公路和城市道路之间切换，无须用户手动重新激活。这一功能极大地提升了用户体验，使自动驾驶技术在日常通勤中得到了广泛应用。

（四）数据要素

1. 数据来源

建设大数据中心，进行数据挖掘。通过自动驾驶车辆在实际道路行驶中收集数据，包括视觉数据（通过摄像头拍摄的画面）、传感器数据等，这些数据为自动驾驶系统的感知、决策和规划提供基础。此外，借助用户的人机交互系统（如语音识别和触控界面）收集用户的行为习惯和偏好数据，以优化产品体验和服务。同时，与高精度地图供应商合作，收集从制造流程、车辆性能测试到研发过程中的各类实验数据，为产品的优化和改进提供支持。

2. 数据利用

利用收集的传感器数据和视觉数据进行深度学习训练和算法优化，不断提升自动驾驶系统的环境感知、行为预测和决策能力；基于用户行为数据和偏好数据，提供个性化的车内娱乐服务、导航推荐服务和其他智能服务，从而提升用户体验；结合生产和研发数据，持续对产品进行改进和优化，提升产品性能和质量；通过对销售数据、用户反馈和市场趋势进行分析，为公司的市场定位和国际化战略提供数据支持。

3. 数据安全

对收集的个人数据等敏感数据进行加密处理，实施数据访问控制，确保只有授权人员才能访问敏感数据。同时，进行数据备份，以防止数据丢失或损坏，并保证数据在传输和存储过程中的安全。此外，配合相关部门进行数据合规审查，确保公司的数据处理行为符合法律法规要求。

4. 数据工作挑战

一是数据收集难度较大：自动驾驶技术的数据需求量大且种类多样。二是数据处理与分析对算力和算法要求较高：自动驾驶产生的数据规模庞大且复杂度高，需要能力强大的计算资源和高效的算法来支持。三是数据安全与隐私保护面临一定风险：在数据收集和使用过程中，需要建立完善的安全体系和数据管理制度来应对这些风险。四是跨部门协作具有挑战：数据工作涉及多个部门和团队的协作与配合，如何在不同部门和团队之间建立高效的数据共享和协作机制也是一大挑战。

（五）场景推广

1. 推广策略

主要推广策略：小鹏汽车的自动驾驶推广策略主要集中在降低成本和提升用户体验两个方面。公司致力于减少对昂贵组件（如激光雷达）的依赖，并探索使用自主研发的芯片替代进口芯片，从而降低自动驾驶系统的成本。同时，针对城市环境，提升用户体验，降低驾驶员接管车辆控制的频率，提高自动驾驶的可靠性与舒适性，目标是让车辆在上百公里的行驶中仅需接管一次，驾驶员基本不需要干预，只有在遇到非预期情况时才进行接管，以减轻驾驶员驾驶车辆的疲劳并提高安全性。

国际化策略：不同国家的法规和法律限制各异。例如，欧盟对 L4 级别自动驾驶车辆的上市限制较为严格，且相关车辆进入欧盟市场需经过昂贵的认证过程，增加了企业的财务负担。一些国家的政策不明确，带来了不确定性和风险。为应对这些挑战，小鹏汽车采取灵活的国际化策略，在贸易保护严重的地区，公司可能会暂缓进入，而在政策友好的国家则加大投入，并根据各国情况制定相应的市场进入策略。

2. 适用条件

城市规划需要标准化：驾驶员在行驶中可能会根据实际情况穿越路段的虚实线，但自动驾驶系统必须严格遵守交通规则。城市道路的标线和标志牌设置需清晰、合理且标准化，以确保所有道路使用者（包括自动驾驶系统和人类驾驶员）都能严格遵守交通规则。

法规需要灵活：城市规划和法规制定应给予自动驾驶更多的支持和明确的指导。在自动驾驶领域，法规制定应相对灵活，允许在未明确禁止的领域进行尝试，以确保技术的稳定发展。

3. 相关建议

法律法规制定：适当放宽对自动驾驶技术的限制。公众和监管机构关注的焦点是安全性，在低事故率的基础上，政府应从法规上支持自动驾驶行业的发展。

规则制定：城市管理者、交管部门和公安部门在规划道路和制定规则时，应考虑到自动驾驶系统的需求，确保标线和标识设置清晰合理。同时，规则制定后，所有的道路使用者，包括自动驾驶系统和人类驾驶员，需严格遵守这些规则。

体系支撑：加大在芯片算力和制造能力领域的投入与支持，并在国际上寻找突破口，促进全球化进程，减少对上游供应商的依赖。

二、理想汽车自动驾驶系统赋能智慧出行

（一）案例概要

1. 基本情况

理想汽车专注于新能源汽车领域的自动驾驶技术服务，致力于为用户提供安全、便捷、智能的驾驶体验。通过构建强大的研发团队和创新技术平台，理想汽车打造了一个全流程、高效率的自动驾驶管理系统，该系统采用企业卖家—个人买家（B2C）的数智化汽车与人工智能运营模式，以满足日益增长

的智能出行市场需求。该系统赋能消费者、零售中心和服务中心，提供从购车、使用到售后的全流程数字化驾驶体验解决方案，解决传统汽车服务过程中的断层问题，并与国家智能网联汽车政策同步发展，实现对传统汽车的有效补充。同时，通过提升驾驶安全性和改善用户出行体验，理想汽车帮助用户实现便捷出行，让亿万家庭享受高品质的智能驾驶服务。

2. 项目亮点

通过“端到端 + 多模态大模型”实现的自动驾驶双系统架构：理想汽车的端到端自动驾驶系统是一项先进的技术亮点，允许车辆从感知环境到做出驾驶决策，再到执行动作，全部由一个统一的 AI 模型完成。这种一体化的自动驾驶技术在行业内较为罕见。该双系统架构模拟人脑的识别判断思路，系统 1 模拟人脑的直觉和本能，系统 2 模拟人脑的有意识分析与思考。在系统 1 中，通过数据驱动的方式，基于 BEV 的端到端模型算法快速响应周围环境变化，展现出类似人类小脑的行为智能。在系统 2 中，通过知识驱动的方式，学习大量的通用知识与垂域知识，以理解自动驾驶场景，并通过思考和推理等逻辑能力探索未知环境，展现出类似人类大脑的认知智能；同时，对系统 1 的结果进行选择性干预与切换，最终通过生成式世界模型，实现车端系统在云端的强化学习与评价。

视觉语言模型（VLM）：理想汽车的视觉语言模型能够理解复杂的交通场景并处理相关问题。该模型提供了一种新颖的方法，使自动驾驶系统在理解道路标志、交通信号和复杂路况方面更加精准。

数据驱动的闭环数字平台：理想汽车利用其数据驱动的闭环数字平台，通过收集和分析大量车辆及用户数据，不断优化自动驾驶算法。这种以数据为核心的持续学习与优化机制，确保了自动驾驶系统的持续进化。

导航辅助驾驶（NOA）：理想汽车的导航辅助驾驶功能能够不依赖高精地图，实现全国高速公路及城市环线的全覆盖。这种全场景的适应能力使理想汽车的自动驾驶技术在多种环境下都能保持良好性能。

（二）技术架构

1. L3 级别自动驾驶架构

理想汽车的 L3 级别自动驾驶架构能够在特定条件下实现自动驾驶，包括高速公路上的自动驾驶和拥堵路况下的自动驾驶。该架构允许车辆在高速公路上自主完成车道保持、超车和并线等操作，同时在拥堵情况下实现自动跟车和停车。

2. 多模态感知系统

理想汽车采用多模态感知系统，结合雷达、激光雷达等多种传感器，实现对车辆周围环境的全面感知。这种系统提供丰富的数据，增强了自动驾驶系统在复杂交通环境中的适应性。

3. 高精度地图与定位技术

理想汽车的自动驾驶系统融合了高精度地图与定位技术，通过实时更新的高精度地图数据和车载定位系统，实现车辆在城市道路和高速公路上的精确定位与路线规划。

4. 自适应学习算法

理想汽车的自动驾驶系统采用自适应学习算法，能够根据驾驶员的行为和习惯进行学习和适应，从而提供更加个性化的驾驶体验。

5. 安全冗余设计

为了确保自动驾驶的安全性，理想汽车的自动驾驶系统采用了多重安全冗余设计，包括硬件和软件冗余，确保在关键系统发生故障时能够及时响应并采取相应措施。

（三）业务介绍

1. 业务对象

理想汽车的自动驾驶技术项目服务于广泛的客户群体，其业务对象主要包括以下几类。

汽车制造商：理想汽车的自动驾驶技术直接支持自身智能汽车的研发，同时为同行业其他汽车制造商提供技术合作与交流的机会，共同推动自动驾驶技术的发展。

终端消费者：理想汽车的自动驾驶技术直接服务终端消费者，提供覆盖城市街道、乡村道路和狭窄胡同的全场景自动驾驶解决方案，带来真正的智能驾驶体验。

2. 典型应用场景举例

（1）在城市复杂道路中的自动驾驶应用

案例背景：在某城市中心道路区域，交通状况复杂多变，司机面临行人横穿马路、自行车和摩托车混行、潮汐车道变更等挑战。为提高行车安全和舒适度，理想汽车推出了针对城市复杂道路环境的自动驾驶技术。

服务模式：理想汽车的自动驾驶技术通过高精度地图与车端感知系统的结合，运用视觉语言模型，能够识别坑洼等异常路面、潮汐车道、公交车道，以及道路光线变化等情况，给出限速或驶离等驾驶建议。同时，系统会自动检查当前行驶路径与导航路径的一致性，并在发现冲突时重新规划导航，实现自动跟车、变道和避障等智能驾驶辅助功能。

具体做法：司机在城市道路上行驶时启动自动驾驶功能，理想汽车通过传感器实时监测道路情况，捕捉路况与车况信息，提供相关驾驶建议，自动控制车辆的加减速和转向，有效应对复杂交通状况。

价值成效：使用理想汽车的自动驾驶技术，司机在城市复杂路况中的驾驶压力得到有效缓解，行车安全性得到提高，同时提升了司机驾驶的舒适度和便捷性。

（2）自动泊车技术应用

案例背景：经常往返于家与公司的驾驶员，通常需要将车辆停入指定的地下车库或户外停车场。这些停车位往往空间狭小，需要精准泊车以避免占用他人车位或阻碍通行。

服务模式：理想汽车的智能泊车系统，带有代客泊车和离车泊入功能，利用车辆周围的传感器，结合智能算法，实现自动识别车位并精准完成泊车，为家庭和工作场所提供智能化泊车解决方案。

具体做法如下：

代客泊车。首次驾驶时，系统学习从地库入口至车位的路线。之后，司机只需在地库入口处启动“代客泊车”功能，车辆便可自动沿学习路线驶向并泊入目标车位。该功能支持记忆同一停车场内最多 5 条路线，总计可达 100 条，场景包括复杂的坡道和多层停车场。

离车泊入。面对狭窄车位时，司机可以在车位附近提前下车，使用手机

App 启动“一键泊入”功能，车辆将自动完成泊车，并智能折叠后视镜以适应狭窄空间。

价值成效：自动泊车技术极大地提升了泊车的便捷性和安全性，尤其对于新手司机或在复杂停车环境中，该技术有效减少了泊车时的压力和事故风险。

（四）数据要素

1. 数据资源的分布与采集

理想汽车的自动驾驶系统在车辆周围配备了多个传感器，包括雷达和激光雷达，用于实时采集环境数据。此外，系统还集成了高精度 GPS 和惯性测量单元（IMU），以获取车辆的精确位置和运动状态。通过车联网技术，车辆能够与周围的其他车辆和基础设施进行通信，从而获取交通流量和信号灯状态等信息。

2. 数据的处理与组织

采集的数据会被传输至车辆的中央处理单元，进行预处理和融合，以生成车辆周围环境的实时模型。利用先进的数据融合算法，不同传感器的数据会被整合在一起，从而提高感知的准确性和适应性。数据通过车载以太网传输，确保高速、低延迟的数据交换。

3. 数据的使用与分析

融合后的数据被用于自动驾驶系统的决策和规划模块，以实现路径规划、避障和车辆控制。系统运用机器学习和深度学习算法分析数据，识别交通标志、行人和其他车辆，并预测人车行动。

4. 技术手段与方法

理想汽车采用多模态认知大模型（如 MindGPT）处理和理解多源数据，实现对复杂交通环境的深入理解。利用自监督预训练技术，系统能够在没有明确标注的数据上进行学习，提高模型的泛化能力。同时，通过交互式强化学习，系统在与环境交互中不断学习和优化，以适应不同的驾驶场景和用户习惯。

5. 数据的迭代

系统通过持续收集的数据进行在线学习和离线训练，不断提升自动驾驶的性能，结合领域知识进行训练反馈，使系统能够适应特定驾驶环境。

理想汽车的自动驾驶系统通过高效的数据采集、处理、分析和学习，实现了对复杂交通环境的准确感知和智能决策，显著提升了自动驾驶的安全性和可靠性。同时，系统的持续进化能力确保了其长期的性能提升和对不同环境的适应性，为自动驾驶技术的发展奠定了坚实的数据和技术基础。

（五）场景推广

1. 适用场景类型

（1）城市复杂路况下的自动驾驶

适用场景：该技术旨在为城市中频繁的启停、拥堵路段的自动跟车以及复杂路口的智能决策等常见驾驶挑战提供自动化的行车辅助，特别适合希望在城市复杂交通环境中减轻驾驶压力的用户。

推广方式：通过汽车销售平台、试驾体验活动和城市智能交通系统等渠道进行推广，以满足用户对城市自动驾驶的需求。

（2）高速公路自动驾驶

适用场景：在高速公路上实现自适应巡航控制、车道保持辅助和自动超车等功能，特别适合长途驾驶或频繁在高速公路上行驶的用户。

推广方式：通过高速公路服务区展示、在线汽车论坛交流、汽车杂志评测等方式进行推广，提高产品在高速公路驾驶场景中的知名度。

（3）自动泊车

适用场景：为用户提供自动寻找车位、精准泊车的服务，特别适用于停车空间狭小、停车技术要求高的场合。

推广方式：通过与停车场合作、汽车展览会演示、用户口碑传播等方式进行推广，展示自动泊车技术的便利性和准确性。

（4）智能避障

适用场景：在行车过程中自动识别并避让行人、自行车、摩托车等，特别适用于交通繁忙、行人和非机动车辆多的城市道路。

推广方式：通过安全驾驶教育活动、社区合作宣传、在线视频平台展示避障案例等方式进行推广，强调智能避障技术在提升道路安全方面的重要性。

2. 项目支持条件

政策条件：需要符合国家及地方关于自动驾驶的法律法规，如《智能汽车创新发展战略》《智能网联汽车道路测试与示范应用管理规范（试行）》等政策文件，确保自动驾驶车辆可以在合规的范围内进行测试和运营。

资金支持：理想汽车的自动驾驶项目需要充足的研发和运营资金，包括但不限于政府补贴、企业投资和社会融资等。

基础设施支持：自动驾驶的实现还需配套的智能交通基础设施，如车路协同系统和高精度定位网络。

3. 相关建议

政策支持：建议政府制定和完善自动驾驶相关的法律法规，为自动驾驶车辆的测试和商业化提供明确的法律框架和政策指导。

基础设施建设：建议政府加大对智能交通基础设施的投入，包括车路协同系统和 5G 通信网络等，为自动驾驶技术的应用提供必要的硬件支持。

资金扶持：建议政府提供研发资金支持和税收优惠政策，鼓励企业进行自动驾驶技术的研发和创新，同时吸引更多的社会资本投入该领域。

数据共享平台：建议建立全国性的数据共享平台，整合各方数据资源，为自动驾驶算法的训练和优化提供海量且多样化的数据支持。

第八章 智慧应用

一、百度“萝卜快跑”自动驾驶系统赋能智慧出行

（一）案例概要

1. 基本情况

“萝卜快跑”是自动驾驶出行服务平台，利用人工智能技术为用户提供安全、智能、便捷和高效的出行体验。百度自 2013 年开始布局自动驾驶，于 2017 年推出技术品牌 Apollo（百度阿波罗）。2021 年，依托 Apollo 领先技术，自动驾驶出行服务平台“萝卜快跑”上线。目前“萝卜快跑”已在国内多个城市落地，积极开展自动驾驶道路测试和示范应用，在部分城市已实现无人化出行服务试点，累计测试总里程超过 1 亿公里，从未发生重大伤亡事故。截至 2024 年 5 月的数据显示，近两年“萝卜快跑”的车辆实际出险率仅为人类驾驶的 1/14，确保了安全与发展并重。

2022 年 5 月，“萝卜快跑”正式落地武汉经开区，面向市民提供自动驾驶出行服务。截至 2023 年底，武汉的自动驾驶测试道路累计开放里程（单向里程）超过 3378.73 公里，覆盖 12 个行政区，触达超过 770 万人口①，开放里程和区域数量均位居全国第一，并实现了智能网联汽车“全国首次跨区通行”等多个创新突破。

2. 项目亮点

技术领先：百度在技术方面进行了长期且可持续的投入。截至 2024 年

① 《武汉成全球最大自动驾驶运营服务区》，武汉市人民政府门户网站，2024 年 1 月 11 日。

4月，百度近十年累计投入研发资金接近1700亿元，核心研发投入占比保持在20%以上。百度拥有自动驾驶相关专利超过5000项，高级别自动驾驶专利族数量位居全球第一。截至2023年底，百度在人工智能全领域专利申请量19308件、授权9260件，连续六年蝉联国内第一。根据全球领先的法律与商业分析机构律商联讯（LexisNexis）发布的《驶向未来：自动驾驶创新洞察》报告，百度在专利资产指数和专利包规模等多项排名上位列全球榜首，展现出创新技术的巨大潜力和价值。

安全可靠：2024年5月，百度Apollo发布了全球首个支持全无人驾驶应用的自动驾驶大模型Apollo ADFM。该模型由感知大模型、规划大模型等组成，其安全性为人类驾驶员的10倍以上。例如，规划大模型通过分析海量驾驶数据，识别优秀的驾驶行为并持续更新序列模型，使自动驾驶车在强交互场景下具备更完善的安全处理能力。在密集车流中，车辆能够通过摆动车头和逐步试探实现变道汇入；在可能出现“鬼探头”的动态场景中，能够结合环境信息放慢车速，以预留更多反应时间。正是借助自动驾驶大模型的实践，“萝卜快跑”成功应对武汉复杂的道路场景，实现全时空场景的覆盖。

打造城市新名片：武汉目前是全球最大的自动驾驶出行服务区，自动驾驶已成为武汉的城市新名片。同时，自动驾驶也已成为武汉市民日常出行的重要方式，“打无人车，逛大武汉”成为独特的人文景观，“萝卜快跑”也得到了武汉市民的广泛认可与支持。2024年，五部委组织开展“车路云一体化”应用试点工作，各地对自动驾驶的发展热情高涨，为产业化进程按下“加速键”。

3. 项目特点

完全自主驾驶技术：“萝卜快跑”采用百度Apollo的L4级别自动驾驶技术，能够在特定条件下实现完全自主驾驶。借助高精度地图和传感器技术，车辆实时捕捉道路信息，精确定位并做出智能驾驶决策，以确保驾驶安全与效率。

提升交通效率：“萝卜快跑”通过与城市智能交通系统的整合，利用云计算优化行驶路径，减少交通拥堵和事故风险。其出行服务已在北京、上海、深圳和武汉等城市开展，并通过多个平台（如微信小程序和百度地图）提供服务。

技术进步与服务升级：“萝卜快跑”不断推动技术进步和成本控制，例如，采用更经济的国产激光雷达，并与汽车制造商合作，大幅降低自动驾驶车辆的成本。同时，通过精细化运营和用户反馈，持续提升服务质量，以满足不断增长的市场需求。

（二）技术架构

1. Apollo ADFM 大模型

Apollo ADFM 大模型基于大模型技术重构自动驾驶系统，兼顾安全性和泛化能力，大幅提升自动驾驶的安全性，能够覆盖城市级的复杂场景。在 L2 及以上级别智能驾驶领域，基于自动驾驶大模型 Apollo ADFM，国内首个纯视觉城市领航辅助驾驶产品 ANP3 升级为 ASD①，并在极越汽车全系车型中实现量产应用，将率先实现城市智驾车在有百度地图的地方都能开。基于这一自动驾驶大模型，“萝卜快跑”已完全具备城市级无人出行服务所需的技术能力，面对新城市的拓展，只需半年时间即可完成全域自动驾驶服务的准备。

2. 硬件与安全冗余

搭载百度 Apollo 第六代自动驾驶系统解决方案的“萝卜快跑”第六代无人车，全面应用“Apollo ADFM 大模型＋硬件产品＋安全架构”的方案。该方案通过十重安全冗余和多重强化认证策略，确保车辆的稳定可靠，安全水平接近国产大飞机 C919。“萝卜快跑”第六代无人车是基于用户需求全新定义的无人驾驶产品，专注于“乘客安全”。“萝卜快跑”认为，无人车的极致安全应体现在“永不宕机，永不失准，永远在线”。

3. 数据与隐私安全

“萝卜快跑”针对数据的包括收集、存储、使用、传输和提供等环节的全生命周期建立了相应的安全防护措施，以保障数据安全。针对不同类型的数据，“萝卜快跑”实施分类分级管理，采取必要的数据安全措施，以满足 5A 安全架构，并实现重要业务数据的本地备份和异地备份。数据收集的目的和范围遵循合法性、正当性、最小必要和适用精度等原则。同时，“萝卜快跑”隐私协议明确说明，在经过用户授权同意后方可进行数据收集。

---

① ASD 为 Apollo Self-Driving，系百度 Apollo 高阶智能驾驶产品。

（三）业务介绍

1. 业务对象

“萝卜快跑”主要面向广大终端用户，为其提供自动驾驶出行服务，通过实践和用户真实反馈，不断迭代技术能力。用户可以通过“萝卜快跑”App等平台预约自动驾驶车辆，享受便捷、安全的出行体验。除此之外，“萝卜快跑”也通过与城市智能交通系统的整合，利用云计算优化行驶路径，减少交通拥堵和事故风险，提供更高效、更环保的出行解决方案，推动智能交通和出行服务的发展。

2. 业务流程

（1）服务请求与接收

用户通过“萝卜快跑”App或合作平台发起出行请求。

系统接收用户的出行需求，并确认服务细节，如上车地点、目的地等。

（2）订单分配与调度

智能调度系统根据用户需求和车辆位置，分配最合适的自动驾驶车辆。

系统向自动驾驶车辆发送行驶指令，包括导航路线和预计接客时间。

（3）自动驾驶与监控

自动驾驶车辆根据系统指令，自主规划行驶路线并启动车辆。

车辆在行驶过程中，通过车载传感器和摄像头实时监控路况，确保行车安全。

（4）用户交互与服务

用户通过App可以实时查看车辆位置和预计到达时间。

车辆到达指定地点后，用户通过App确认上车并开始行程。

（5）行程监控与支持

在行程中，系统持续监控车辆状态和行驶数据，确保服务质量。

如遇特殊情况，远程监控中心的安全员可提供及时的支持和干预。

（6）服务完成与反馈

用户到达目的地后，通过App确认服务完成并支付车费。

系统收集用户对行程的满意度反馈，用于持续改进服务质量。

3. 典型应用场景举例

武汉市作为中国中部首个国家级智能网联汽车测试示范区，率先引入“萝卜快跑”自动驾驶出行服务。自 2022 年 5 月试点以来，截至 2024 年 7 月武汉已投放超过 400 辆无人驾驶汽车，覆盖超过 3000 平方公里的城市区域，为约 770 万人提供服务。

服务模式：用户通过“萝卜快跑”App 预约自动驾驶车辆，选择起点和目的地，系统将根据实时情况自动分配最近的自动驾驶车辆。车辆到达后，用户通过 App 解锁并上车，行程开始。在行驶过程中，车辆依靠多种传感器和高精度地图实现自主导航，若遇到复杂情况，后台的云端安全员可进行远程接管，以确保行驶安全。

（四）数据要素

1. 数据集成与分析

集成车辆的实时位置、行驶速度、交通状况等多源数据，对其进行深度分析和挖掘，支持自动驾驶系统的功能，全面了解道路环境和乘客需求，从而优化行驶路线，提高出行效率和安全性。

2. 智能辅助决策

利用 AI 技术对大量交通数据进行模式识别和预测分析，为自动驾驶车辆提供实时决策支持，辅助车辆在复杂交通环境中做出更准确的行驶判断，减少交通事故的发生，保障出行安全。

3. 用户体验优化

通过持续跟踪和分析用户的出行数据，提供个性化的出行推荐和服务，提升用户满意度，进而提高用户对无人驾驶出行的接受度和使用率，改善用户整体出行体验。

4. 交通资源优化

通过对交通流量和出行需求的实时监控和数据分析，优化交通资源的分配和使用，提高城市交通系统的运行效率，缓解交通拥堵问题，提升出行服务的可及性和公平性。

（五）场景推广

1. 适用场景类型

通勤出行：为城市上班族提供从居住地到工作地的通勤服务，特别适合需要在固定路线上频繁往返的用户。在推广过程中，“萝卜快跑”应与企业合作，提供通勤福利套餐，或在居民区和商业区附近设置固定的接送点。

自动驾驶接驳：适用于为机场乘客提供自动驾驶接驳服务，“萝卜快跑”首次在国内以自动驾驶贯通高速公路和城市道路。在推广中，“萝卜快跑”可与其他城市机场合作，将自动驾驶接驳服务作为从市区到机场出行方式选择的一部分。

2. 项目支持条件

政策条件：“萝卜快跑”受益于中国政府在智能网联汽车领域的政策支持，如《智能网联汽车道路测试与示范应用管理规范（试行）》《自动驾驶汽车运输安全服务指南（试行）》《关于加强智能网联汽车生产企业及产品准入管理的意见》等，这些政策为自动驾驶车辆的道路测试和示范应用提供了政策支持。

技术支持：依托百度 Apollo 技术平台，运用先进的人工智能、大数据分析和云计算技术，确保自动驾驶服务的安全性和高效性。项目团队持续进行技术迭代与优化，以适应不断变化的交通环境并满足用户需求。

3. 项目的组织管理

“萝卜快跑”的自动驾驶出行服务是与政府、客户、技术合作伙伴及安全监控机构共同努力的结果。与政府机构的紧密合作确保了“萝卜快跑”在法规和政策框架内进行发展，同时获得了必要的测试道路和示范许可。通过 App 和合作平台，“萝卜快跑”能够及时响应客户需求，提供定制化的出行解决方案。技术合作伙伴，包括汽车制造商和传感器供应商，为“萝卜快跑”提供了先进的自动驾驶车辆和设备。同时，安全监控机构的实时监控和数据分析进一步保障了乘客和车辆的安全。这些组织管理措施的实施，使萝卜快跑能够顺利开展测试和示范应用，并在自动驾驶出行服务领域保持领先地位。

4. 相关建议

拓展规模化应用：更多的运行区域和更大的车辆规模将助力自动驾驶规

模化应用。在提升技术方面，自动驾驶技术不是实验室技术，需要在真实场景中、城区复杂路况下不断优化，进而提升自动驾驶车辆对各种复杂场景的适应性。在满足公众需求方面，自动驾驶出行服务涉及大量跨区运行场景，只有开放更多区域，甚至是全域开放，才能更好地满足实际应用需求。在带动产业发展方面，只有规模化发展才能真正带动上下游产业链发展，促进地方和上下游企业分别加大基础设施投入和技术研发投入，形成产业化集聚效应。因此，需要鼓励地方先行先试，支持有条件的地方政府因地制宜地推动更广泛的区域和更多的车辆进行自动驾驶的规模化测试与示范应用，实现科技创新、产业带动和社会价值的综合效应。

完善政策法规体系：在政策法规不断更新迭代的过程中，自动驾驶产业经过多年的创新突破，初步实现了技术产品与应用的跨越，稳步推进道路测试与示范应用。然而，要使自动驾驶实现更长远的发展目标，仍需对法律法规体系进行根本性变革。建议加快相关法律的修订，从国家层面为自动驾驶赋予恰当的法律地位。同时，充分利用地方性法规、政府规章、规范性文件等多种方式，为加快实现自动驾驶规模化探索路径，为全无人自动驾驶产业发展指明方向、稳定预期。

构筑包容的社会环境：舆论环境也是重要的营商环境与创新环境。在自动驾驶发展过程中，应理性看待发展中出现的疑惑与质疑，留足耐心和信心，加强公众引导，为自动驾驶健康、可持续发展筑牢公平性底座。长期来看，新技术发展以及由此带来的全社会生产效率的提高，能够带来更高质量的社会经济繁荣，也能够为社会创造更大财富。

二、文远知行自动驾驶小巴赋能智慧出行

（一）案例概要

1. 基本情况

随着城市化进程的加快，公共交通系统面临着运力不足和效率不高的问题，特别是在高峰时段，交通拥堵愈发严重。广州智能网联汽车（自动

驾驶）应用示范项目，即文远知行自动驾驶小巴 Robobus 商业化落地运营，旨在通过先进的自动驾驶技术缓解城市公共交通系统的压力，提升交通效率。该项目由广州市交通管理局牵头，联合市工信局、市公安局、市财政局及广州市公交集团共同推进，以确保项目的顺利实施和运营。引入自动驾驶公交车系统不仅可以提高公共交通的整体效率，还能显著提升服务质量，为市民提供更安全、更便捷、更舒适的出行体验。文远知行自动驾驶小巴 Robobus 的商业化运营，是广州市公交集团建设多层次立体交通运输体系的重要一环，将满足市民多元化和个性化的出行需求，真正实现“公交便民”的目标。

2. 项目亮点

技术领先：文远知行作为全球领先的自动驾驶科技公司，拥有成熟的自动驾驶微循环小巴前装量产经验和丰富的运营经验，确保了项目技术的专业性和领先性。

多地牌照认证：文远知行是全球唯一一家同时拥有中国、美国、新加坡、阿联酋四地自动驾驶牌照的科技公司，这证明了其技术实力和国际认可度。

多元化线路布局：项目已开通 10 条线路，包括便民线、夜间线、快速公交（BRT）线以及亲子专线，满足不同市民的多元化出行需求。

全面安全保障：项目制定了严格的自动驾驶示范应用标准和安全保障措施，包括安全员配备、安全装置、应急预案等，确保乘客的安全。

3. 项目特点

自动化交通管理：文远知行自动驾驶小巴系统能够自动收集和分析城市交通数据，包括路况、交通流量和乘客需求，确保交通管理的高效性和准确性。

精准路线规划：基于实时数据分析，文远知行自动驾驶小巴能够生成精准的路线规划方案，包括最佳行驶路线、预计到达时间和交通状况预测，帮助乘客优化出行路线、提高效率。

高效能运营：通过自动化的驾驶和运营管理，文远知行自动驾驶小巴减少了人为错误和运营成本，从而提高了公共交通的运营效率。

（二）技术架构

文远知行自动驾驶小巴的技术架构通过人工智能深度介入交通行业，采用自动驾驶 AI 大模型、云计算和大数据等新一代信息技术。该系统依托实时路况分析、智能路线规划和车辆监控等多项功能，获取相关数据。同时，该系统结合丰富的交通管理知识可以训练公司自有的垂直领域算法模型——WeRide Autopilot。这类型的产品将人工智能技术从后台服务和理论基础转化为可实际应用的前台工具，并实现落地实践和市场投放。

（三）业务介绍

1. 业务对象

（1）B 端客户

城市公共交通运营商：文远知行与城市公交集团合作，提供自动驾驶小巴服务，以提高公共交通的运营效率和服务质量。

旅游度假区：在新加坡圣淘沙名胜世界，文远知行自动驾驶小巴为游客提供接驳服务，增强了旅游体验的科技感。

政府机构：文远知行在横琴粤澳深度合作区开展自动驾驶小巴的商业化试点，与政府合作推进智能交通发展。

（2）C 端客户

市民和游客：在广州、北京、无锡、南京、新加坡等地，文远知行自动驾驶小巴为市民和游客提供便捷、绿色的出行服务。

企业员工：文远知行在广州国际生物岛为岛上企业的员工提供无人驾驶微循环公交服务，满足日常通勤需求。

2. 业务流程

（1）数据采集与整合

数据采集：通过车载传感器和系统收集小巴的运行数据，包括位置、速度、乘客数量等数据。

数据整合：整合乘客的出行请求数据，形成一个统一的数据平台，便于后续的分析和调度。

（2）数据分析与处理

优化调度：利用人工智能技术对收集的运行数据进行分析，优化调度策略。

辅助决策：分析乘客的出行模式，为智能调度系统提供决策支持。

（3）用户交互

应用承接：乘客通过移动应用程序与小巴进行交互，包括预约、上车、乘车和反馈。该应用程序提供实时车辆位置信息和预计到达时间。

（4）用户反馈与优化

用户反馈收集：收集乘客的反馈，包括乘车体验、服务建议等。

优化产品：根据反馈调整服务，提升乘客满意度。

（5）合作伙伴关系拓展

与城市交通部门合作：与各地交通部门合作，将自动驾驶小巴整合到城市公共交通系统中。

与商业区、旅游景点合作：为其提供定制化服务，提升公共交通出行体验。

3. 典型应用场景举例

（1）广州国际生物岛应用场景

案例背景：在广州国际生物岛，由于园区面积较大，传统交通方式已无法满足企业员工和访客高效、便捷的出行需求。为了提升园区内的交通效率和员工的通勤体验，园区管理方引入了文远知行自动驾驶小巴服务。

服务模式：文远知行自动驾驶小巴采用先进的 AI 驾驶系统，能够实现自主导航和避障，提供安全、准时的接送服务。小巴根据园区的上下班高峰期和访客的出行需求，智能规划行驶路线和发车时间。

具体做法：园区员工和访客通过“WeRide Go”应用程序预约小巴服务，选择最近的上车点和目的地。自动驾驶小巴接到指令后，自动前往上车点接客，并按照预定路线行驶。在行驶过程中，小巴通过车载屏幕和语音系统，实时向乘客提供车辆位置、预计到达时间等信息。

价值成效：通过引入文远知行自动驾驶小巴，广州国际生物岛不仅提升了园区的交通效率，还为员工和访客带来了全新的出行体验。自动驾驶小巴的高效运营减少了员工的通勤时间，提高了工作满意度。同时，自动驾驶技术的引入也展示了园区对科技创新的重视，提升了园区的科技形象。此外，自动驾驶小巴的环保特性也有助于园区实现绿色出行的目标。

（2）广州公共出行应用场景

案例背景：在广州市黄埔区，文远知行与广州巴士集团合作，推出了自动驾驶小巴服务。该区域作为智能网联汽车道路测试先行试点区，致力于推进智能交通发展，为市民提供便捷、高效的出行服务。

服务模式：文远知行自动驾驶小巴采用L4级别自动驾驶技术，通过多传感器融合和先进的人工智能算法，实现安全高效的自动驾驶。其服务覆盖广州的中心城区，连接地铁站、商业区、居民区等多个重要区域。

具体做法：园区员工、访客以及当地市民可以通过微信小程序“智慧小巴”预约乘坐自动驾驶小巴。小巴按照固定线路和时间运行，为市民提供“最后一公里”的出行解决方案。

价值成效：通过引入文远知行自动驾驶小巴，广州市黄埔区不仅提升了区域内的交通效率，还为市民带来了全新的出行体验。文远知行自动驾驶小巴的环保特性也有助于推动绿色出行，同时展示了该区域对科技创新的重视。

（四）数据要素

1. 数据资源分布

文远知行自动驾驶小巴在多个城市进行测试和运营，能够收集来自广州、深圳、北京等地的大量数据，覆盖不同的交通环境和场景。

2. 数据处理和组织

文远知行自动驾驶小巴搭载的传感器，包括激光雷达、雷达和超声波传感器，能够收集大量行驶数据，如位置、速度和加速度等。这些数据通过高精度地图和传感器融合技术整合，形成一个统一的数据平台，以便后续的分析和处理。

3. 数据使用

收集到的数据用于优化自动驾驶算法，提升行驶安全性和效率。数据还用于生成车辆的运行报告，监控车辆状态，预测维护需求。

4. 数据的商业化应用

文远知行将数据应用于自动驾驶出租车（如 Robotaxi）、自动驾驶小巴（如 Robobus）、自动驾驶货运车（如 Robovan）等多种服务，推动自动驾驶技术的商业化进程。

（五）场景推广

1. 适用场景类型

城市微循环：适用于城市中心区域，连接地铁站、商业区和居民区，旨在提升城市居民的公共出行体验。在推广过程中，通过城市交通部门的支持，设置固定线路和站点，并利用社交媒体和社区宣传提高服务的知名度。

园区通勤：适用于为大型企业园区和科技园区提供员工通勤解决方案，尤其适合需要在园区内频繁移动的员工。在推广中，应与园区管理方合作，设置固定接送点和运行时间，并通过园区内部通知和移动应用程序进行宣传。

旅游接驳：适用于在旅游景区内提供游客接驳服务，方便游客在景区内的短途旅行，特别适合人流密集的热门景点。在推广中，应与旅游公司和景区管理方合作，将文远知行自动驾驶小巴服务嵌入旅游套餐中，提供更加便捷的接驳体验。

2. 项目支持条件

政策条件：文远知行依托《关于智能网联汽车道路测试有关工作的指导意见》《关于逐步分区域先行先试不同混行环境下智能网联汽车（自动驾驶）应用示范运营政策的意见》等相关政策，以及《广州市交通工作领导小组关于深化便民服务车试点工作的通知》等特殊政策，积极采用人工智能无人驾驶技术，推动交通出行服务的智能化和信息化发展。

合作伙伴协同：文远知行与汽车制造商及技术供应商紧密合作，共同研发自动驾驶技术及相关产品，例如，与宇通集团联手打造自动驾驶小巴。

客户及市场的认可：通过提供安全、舒适的乘坐体验来吸引用户，赢得他们对自动驾驶技术的接受与信任。同时，通过实际运营收集用户反馈，不断优化服务。

3. 项目的组织管理

文远知行自动驾驶小巴项目在项目组织管理方面依赖于与政府、客户及合作伙伴的紧密协作。首先，政府需提供明确的法规指导和测试许可，开放公共道路测试区域，并在政策上给予支持，例如，广州市政府在广州国际生物岛提供测试和运营支持。其次，客户和乘客的反馈对于服务的优化至关重要，因此建立有效的沟通渠道和反馈机制是必不可少的。最后，与技术供应商、汽车制造商和基础设施建设者的合作，确保了自动驾驶小巴的技术先进性和服务质量。通过这种多方协同的组织管理模式，文远知行能够确保自动驾驶小巴服务的顺利实施与持续改进。

4. 相关建议

制定明确的法规框架：政府应出台具体的自动驾驶法规，明确自动驾驶车辆的路权、事故责任认定原则及运营许可要求，为自动驾驶小巴提供合法的运营环境。

提供测试和运营区域：政府可以指定特定的公共道路和区域作为自动驾驶小巴的测试和运营区域。

建设智能基础设施：政府应投资建设智能交通基础设施，包括车联网通信设备和智能交通信号系统，以支持自动驾驶小巴的高效运行。

提供资金和税收优惠：政府可以为自动驾驶小巴的研发和商业化提供资金支持及税收优惠政策，鼓励企业进行技术创新和市场推广。

三、美团自动配送车助力即时零售

（一）案例概要

1. 基本情况

美团通过整合现有的配送流程，提供了一套全面的自动化配送解决方案，涵盖高效的订单交易平台、基于大数据的智能调度系统、多种人机协同的末端配送模式、形式多样的智能配送终端等。这些技术的结合能够满足不同场景下的即时配送需求，提升整体效率并优化用户体验。美团自动配送车采用自主研发的L4级别自动驾驶技术，利用先进的传感器技术进行实时环境感知，确保全场景下的配送能力，已经在北京、深圳等地实现常态化运营。

2. 项目亮点

多传感器融合：美团自动配送车具备360°无死角的感知能力。车辆以激光雷达为主传感器，配备2个毫米波雷达、10个超声波雷达以及14个摄像头，能够识别5厘米至150米范围内的障碍物。该配置确保自动配送车在雨、雪、雾、风及弱光等复杂环境下能够24小时稳定运行。

识别和预测能力：美团自动配送车通过图像和视频的多层次实例分割算法，提升障碍物感知和预测的精度。美团创新设计了该算法，解决了感知精度低的问题，在YouTube公开数据集上，分割精度达到了40.1，模型精度在同时期领先。通过多重融合定位技术，美团进一步提升了其在全场景中的定位精度。通过融合不同定位结果，进行交叉验证和融合滤波，获得高精度、高冗余度的定位方案，在城市配送场景中的平均偏差小于10厘米。为了应对复杂的城市环境，采用自研的时空序列预测算法，精准预测多源障碍物的轨迹。该算法有效解决了目标行为模糊、多意图及博弈性强等难题，将8秒平均位移误差优化至小于1.6秒。

网络与数据安全保护：美团通过与中国汽车技术研究中心的软件测评团队合作，开展数据与网络安全专项研究，采用国际先进的方法论，基于自动配送车开发全生命周期，嵌入了网络和数据安全管理要求。2024年5月，美团自动配送车顺利通过了汽车网络安全方面的标准ISO/SAE 21434：2021、信息安全管理体系方面的标准ISO/IEC 27001：2022，以及隐私信息管理体系方面的标准ISO/IEC 27701：2019三项认证，覆盖了自动配送车的设计开发、运维及相关运营管理的全流程。

3. 项目特点

多重检验保障：基于三支柱法，美团自动配送车已通过北京、深圳、上海等地的严格测试——涵盖多项机动车行驶速度下的仿真测试、封闭场地测试和实际道路测试。2020年，美团自动配送车获得北京市T3级别路测牌照。2021年5月，美团成为全国首批获得自动配送道路测试车身编码的企业之一。2022年12月，美团自动配送车通过TÜV南德ISO 26262功能安全认证，达到最高等级 ASIL–D 标准。2023 年，美团自动配送车完成了由北京市智能网联汽车小组支撑单位——智能车联组织的机动车 T3 能力评估测试，依据《自动驾驶车辆道路测试能力评估内容与方法》，53 项测试项目全部达标，其中 15 项速度测试在 45 公里 / 时的条件下成功通过。

全栈自研：除主计算芯片之外，美团自动配送车的其他芯片及零部件均已实现国产化研发或应用，供应链和产业链合作伙伴达 70 余家。美团已迭代研发了 40 余版高级自动驾驶系统，在障碍物感知预测精度、融合定位精度及障碍物轨迹预测精度等关键技术指标上实现全球领先。美团自研的自动配送车能够感应 5 厘米至 150 米范围内的障碍物，性能更加稳定，支持全天 24 小时运营需求。美团自动配送车的平均时速与领先企业的自动驾驶乘用车保持同等水平。

（二）技术架构

美团自动配送车以自主研发的 L4 级别自动驾驶软硬件技术为核心，结合美团即时零售业务，成功应用于公开道路和园区等多种室外场景，实现了自动驾驶技术在复杂城市环境中的有效应用。车辆的生产制造经过了场景分析、概念设计、工程开发、仿真分析、试验试制等完整的研发和生产流程，参考并部分采用了汽车行业标准，实现了车辆的线控化、数字化，具备较高的稳定性和一致性，初步具备量产条件，为后续美团自动配送车的规模化落地奠定了坚实基础。

在产品设计上，新款自动配送车在车身结构上做了诸多改进，采用了大量铝合金材料以减轻重量，鸥翼门设计提升了货仓空间利用率；从操作性能上看，制动速度更快，转向响应更加灵活，操控更加精准流畅。新车还配备了美团自研的新一代电源管理系统，可对自动驾驶计算平台和各类传感器进行上下电控制与诊断。性能方面，车辆的涉水能力增强，并通过了 –27℃的寒区环境适应性测试以及接近 1 万公里的耐久性测试，性能更加稳定可靠。

此外，新车支持远程故障诊断和配置管理，具备通过空中下载技术实现功能模块自动更新的能力，车辆能够不断优化现有功能并增加新的功能。

（三）业务介绍

1. 业务对象

美团即时零售场景的应用方，如美团小象超市、美团买药、美团外卖等。

2. 业务流程

美团自动配送车当前采取人工协同、分段履约的模式，完成覆盖 3~5 公里的配送服务，配送流程分为上车端取货装车、在途运输、末端交付三个环节。

上车端取货装车环节：用户通过美团 App 选择小象超市等应用下单后，菜站的放货员将对应订单的货物放到对应的自动配送车内，自动配送车在规定集单时间内完成集单后由放货员点击发车。

在途运输环节：通过在途自动驾驶行驶，依次到达指定的接驳点。

末端交付环节：由先到接驳点的骑手将货物全部取出，自动配送车即刻返程，卸下来的货物由指派的末端骑手完成配送。

美团自动配送业务目前主要服务于内部的小象超市，采用人机协同的模式。业务流程包括商家端的取单和装车、在途行驶、用户端的卸货和交付环节。该业务的日均峰值订单量已突破 3000 单，30 分钟内完成订单任务的占比高。此外，由于即时零售业务覆盖区域广，美团自动配送业务需要尽可能覆盖更多的区域。

3. 典型应用场景举例

以即时配送场景为例。每天从清晨至夜晚，美团自动配送车穿行于深圳的大街小巷，克服了老城区、夜间集市等场景下的复杂路况，同时高效应对夏季多雨天气带来的技术和试运营挑战，为居民常态化提供生鲜食杂的自动配送服务。根据统计，自 2023 年 12 月正式落地深圳运营至 2024 年 1 月期间，美团自动配送车已成功为用户配送近万单。

（四）数据要素

美团自动配送车基于数据分类分级成果和数据安全保障方案，积极推进数据要素的创新应用实践，围绕提升研发效率和测试运营，累计开展了数十项创新实践。

1. 多数据融合

美团自动配送车的数据主要分为三类：车辆数据、研发数据和运维数据。通过多源数据的融合，实现更高效的系统优化和智能驾驶技术突破。

2. 数据应用

通过数据的深入应用，美团自动配送车团队开展了感知预测、规划决策、自动避障、多源融合定位及高精度地图等智能驾驶关键技术的攻关，解决了城市复杂场景下的空间智能、场景理解和规划调度等技术难题，为自动配送的落地提供了坚实的技术支持。

3. 科研合作

美团积极参与国家及地方的科研项目，推动自动配送技术的创新发展。这包括：承担中国卫星导航系统管理办公室、北京市经济和信息化局的“京津冀北斗+即时无人配送创新应用”项目；在北京市科学技术委员会和中关村科技园区管理委员会的支持下，牵头成立“未来城市复杂场景自动配送技术创新中心”，并开放10万帧感知预测算法模型训练数据；与北京市发展改革委合作，组建“城市复杂场景载物智能驾驶北京市工程研究中心”，每日迭代测试数据达数十太字节（TB），通过丰富的场景数据反哺自动驾驶算法的迭代升级。

（五）组织实施条件

1. 案例适用场景

案例应用于城市末端配送场景：城市末端配送覆盖3~30公里的配送范围，涵盖外卖、买菜、商超、药品配送和跑腿服务等多种业态，涉及多场景、多时段和多区域。该场景面临四大主要挑战：一是配送人员短缺；二是配送效率瓶颈明显；三是配送成本居高不下；四是非合规配送载具带来的交通隐患突出。城市末端配送的服务对象分布广泛，消费者的取货习惯差异较大，导致配送站点多、场景复杂、配送环节冗长且涉及人员较多。

目前，美团自动配送车的配送速度已达到45公里/时，未来有望提升至70公里/时以上。随着配送速度的提升，配送时间将进一步缩短，站点的覆盖范围也将扩大。在载重方面，自动配送车支持货舱和舱体结构的改造，能够满足多种类型货物，如菜品、药品、蛋糕、生鲜、家电等的装运需求。同时，自动配送车能够适应24小时配送，特别是在雨雪等极端天气场景配送，可以降低恶劣天气给配送人员带来的安全隐患；在大促或特殊节假日期间，可以提升运力，有效缓解运力不足的问题。

2. 案例适用需具备的条件

政策条件：一是需要支持智能网联货车的全无人商业化试点，并允许自动配送车在机动车道上以不低于70公里/时的速度行驶。我国末端配送需求庞大，其中对时效性要求较高的订单占据较大比例。例如，买菜、外卖等即时零售业务需要30~40分钟配送完成的订单占比均超过60%。与计划配送的快递业务不同，即时配送对时效性要求更为苛刻，通常辐射半径为5公里的订单需在0.5~1小时送达。因此，综合考虑出餐时间、人机交互时间以及一次配送多单等因素，自动配送车的平均速度需达到20公里/时以上，最高速度需达到70公里/时。

二是需要支持自动配送车的全场景路网开放或简化审批流程。自动配送车具有显著的规模效应，规模越大，成本（如生产制造、软硬件研发和运维成本）越能摊薄。为此，需配套相应的路权保障，区别于技术验证阶段的线路审批模式，规模化部署阶段需结合配送站点和配送半径，形成完整的配送网络。高订单密度区域的审批流程需简化，同时鼓励采取全域开放或黑名单管理模式，并通过轻量化的联席会议或决策会形式，减轻政府与企业双方的协调与管理成本。

基础设施布局条件：为了实现自动配送的规模化和网络化布局，需要规划停车位、交付设施、充/换电设施等，并将这些要素纳入整体物流网络的规划。面对规模化部署的需求，除了提升自动配送车软硬件技术外，配套设施的布局和建设也直接影响其适应性，具体需涵盖以下四个方面。

①统一充/换电设施布局。需要制定统一的充/换电标准接口，合理规划充/换电设施的布局半径和位置，特别是在高峰和低谷时段的充电安排，确保充/换电过程的便捷性和高效性。

②停车、接驳和交付设施的规划与导则。应制定统一的设施布局规划，

明确停车、接驳和交付点的布局标准。通过设置清晰的道路标识和停靠站点设施提示，提升覆盖区域内居民的接受度和认可度。

③共享共用的车路云一体化设施布局。应引导共享共用的车路云一体化设施建设，推动数据交换格式的标准化，提供高效的通信和车联网支持。这有助于降低企业在高精度地图、通信联网和智能设施建设上的综合成本。

④同步交通信息与路权分配。需确保区域内交通信号灯信息、禁行 / 限行及道路维修等信息能够及时同步至自动配送系统，以满足路权分配和交通指挥系统的有效融合，确保配送车辆的顺畅运行。

通过这些配套设施的合理规划与布局，自动配送的规模化部署将更具可行性，能有效提升运营效率和用户体验。

3. 商业模式与组织管理

商业模式：美团主要聚焦于自身的即时零售业务，已先后在北京顺义、北京亦庄、深圳坪山等地的限定公开道路上实现商业化落地，与小象超市等业务深度融合。截至 2023 年底，美团自动配送车已完成了近 400 万单的公开道路全场景配送订单，累计测试里程超过 500 万公里，服务覆盖 110 个居民社区。自动配送车的配送半径通常在 3~5 公里，配送时长通常控制在 30~60 分钟，去掉出餐和人机交互环节不计，自动配送车的最高速度需超过 45 公里 / 时。未来的配送服务将涵盖外卖、快递、商超、闪送等多种业态。

组织管理：确定信息安全管理或执行责任。按照“知所必需、最小权限”原则为其分配物理和逻辑访问权限。保持与政府相关部门、监管机构的联系，及时获知监管和主管部门的信息安全管理规定。针对实施的所有项目，将信息安全融入项目管理中。在组织结构上，美团自动配送车部门设立数据安全治理层、决策层、管理层、执行层、监督层五个层级的数据安全及隐私保护组织架构，明确职责、分工，责任落实到人。

4. 相关建议

一是鼓励地方通过立法或出台专门政策，推动取消区域和路段限制，提前规划相关设施布局，分批按片区推动全域路网开放。

二是推动市级自动驾驶微型货车的全无人测试许可落地路径，支持各区率先试点。

三是建立“超前适度、分类分级”的管理机制，适当放宽车速、车道和运营时段等试点限制条件，引入沙盒模式，以应对政策空白或未覆盖的部分，快速响应行业需求。

四是建立与自动配送车规模化部署相匹配的舆情监管机制，允许更灵活的数据对接与监管方式，避免“一刀切”政策给企业带来过重负担。

五是针对自动配送车规模化部署的需求，提出全周期的专项补贴计划，并根据不同场景和阶段进行政策迭代。

第九章 产业支撑

一、深圳欧冶半导体助力智能网联汽车高质量发展

（一）案例概要

1. 基本情况

2023 年，深圳市欧冶半导体有限公司（以下简称“欧冶半导体”）发布了全球首款专用于智能汽车端侧部件的 AI SoC 芯片“龙泉 560”及解决方案。该产品以人工智能技术推动“油电平权”和“技术普惠”的理念，率先在智能网联汽车的车灯、电子外后视镜等应用场景中落地。此芯片及解决方案广泛适用于新能源车和传统燃油车，满足前装和后装市场的需求，具备高性价比、易开发、易改装和易维护等显著优势。

2. 项目亮点

提质：目前，第三代 E/E 架构（中央 + 区域控制）已成为智能汽车的主流架构，并推动各子系统功能和芯片的重构。然而，在电气化和智能化的演进过程中，各芯片厂商将主要资源集中于辅助驾驶、智能座舱及中央和区域网关领域，导致全球市场上尚未出现专用于汽车端侧的智能 SoC 芯片。这使得厂商不得不将其他领域的芯片应用于端侧，进而引发了一系列问题，如芯片规格冗余、成本高、软硬件方案交付不完善、客户开发的困难以及产品化周期长等。因此，针对智能车灯、电子外后视镜等汽车端侧部件开发的专用 SoC 芯片及解决方案，将有力填补国内智能汽车第三代 E/E 架构中智能 SoC 芯片的空白，对推动我国芯片产业高质量发展、实现关键核心技术自立自强及自主可控具有十分重要的战略意义。

增效：采用 SoC 芯片的智能车灯能够在恶劣天气条件下提升能见度，保障行车安全。公开数据显示，智能汽车灯光的使用可减少 57%~74% 的夜间交通事故。此外，电子外后视镜相较于传统光学后视镜，结合数字技术和算法，能够在炫光、黑暗、雨雪天气及隧道等光线不良条件下提高成像清晰度，为驾驶员提供更广阔的视野和更舒适的驾驶体验，同时显著提升车辆安全性。此外，电子外后视镜还能有效降低车辆风阻，减少油耗，提高车辆的动力性和经济性。

降本：由于缺乏专用的 AI 芯片支持，目前的智能车灯技术方案中，摄像头数据输入的处理仍主要依赖高级驾驶辅助系统，导致车灯系统与高级驾驶辅助系统及车身无法解耦，摄像头校准困难，产品开发周期较长，给售后维护带来不便。同时，现已量产车型的电子外后视镜方案大多采用过渡芯片，这些芯片不仅规格冗余、成本高昂，而且在内容管理系统（CMS）应用场景的支持上也存在诸多问题。采用欧冶半导体的专用于智能汽车端侧的 AI SoC 芯片，可有效降低汽车厂商 10% 以上的产品开发及售后维护成本。以车灯应用场景为例，该芯片具备丰富的接口，一套芯片平台可支持 Matrix LED、Micro LED、DLP、Mini LED 等不同车灯的组合，实现“感知、照明、投影、娱乐”功能的融合，有效降低产品物料成本及开发成本。同时，可实现车灯系统从感知到控制的全链路闭环，支持整个车灯的控制逻辑集中在车灯内部，形成自闭环系统，对车灯平台化、持续升级演进及跨平台跨车型应用带来极大的便利。

3. 项目特点

高复用性：欧冶半导体 AI SoC 芯片及解决方案可广泛应用于新能源车和传统燃油车，兼顾前装和后装市场的智能化、网联化需求，简化了汽车制造及售后维护过程。

自闭环 AI：以车灯应用为例，该芯片及解决方案可在车灯系统内部实现智能感知、智能控制和智能光束等功能的闭环管理，使车灯真正具备 AI 自主感知、决策和控制的能力，进而提升消费者的用车体验。

全场景覆盖：统一的芯片架构、算法及软件架构，使得一套芯片平台方案可以同时满足乘用车和商用车的各种需求，实现极高的性价比。以 AI 车灯应用为例，一套芯片平台方案可以支持百级像素 Matrix LED 车灯、万级像素 Micro LED 车灯及百万级像素 DLP 车灯的多样化应用场景需求。

（二）技术架构

相关解决方案依托欧冶半导体自研的智能网联汽车端侧部件专用 AI SoC 芯片“龙泉 560”，该芯片通过摄像头及传感器感知路况信息（如车辆、行人和物品），并结合车身底盘传感器接收的车速、转角等常规数据，利用欧冶独有的 AI 算法以及图像信号处理器、深度学习处理器、神经网络处理器等核心知识产权（IP）核，实现汽车车灯和电子外后视镜等端侧部件的智能化。具体结构分为三个层次（见图 9-1）。

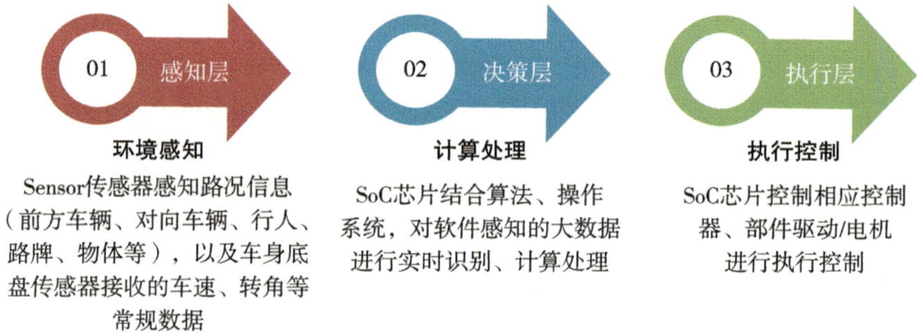

图 9-1　欧冶半导体技术架构

资料来源：作者整理。

感知层承载着“眼睛”和“耳朵”的功能，负责实时、准确地获取车辆及其周围环境的信息。通过嵌入车灯和电子外后视镜模组内的摄像头，捕捉前向和对向车辆、行人、交通标志等路况信息，并调用车身底盘传感器接收的车速、转角等常规数据。

决策层作为提供解决方案的“大脑”，负责处理感知层传达的信息，进行决策规划。AI SoC 芯片提供算力，结合算法和操作系统，对感知层获取的图像和数据进行实时识别和计算。

执行层承载着“手脚”功能，负责根据决策层的指令控制车辆的实际行驶状况。AI SoC 芯片在经过大数据计算后，直接控制相应部件和电机，实现精细控制，并支持智能驾驶辅助功能。

（三）业务介绍

1. 业务对象

相关解决方案广泛应用于汽车前装及后装市场，业务对象包括但不限于：

前装市场——Tier1 供应商、主机厂；

后装市场——汽车改装厂、汽车 4S 店、汽车经销商等渠道；

终端消费者——汽车车主。

2. 业务流程（见图 9-2）

前装市场：通过 Tier1 供应商及合作伙伴向汽车主机厂提供智能网联汽车 AI SoC 芯片及解决方案，或直接向汽车主机厂提供智能网联汽车 AI SoC 芯片及解决方案，最终交付给终端消费者使用。

后装市场：针对广阔的存量后装市场，通过代理商等合作伙伴，为改装厂商、4S 店和汽车经销商等渠道提供智能网联汽车 AI SoC 芯片及解决方案，满足终端消费者对已购汽车的智能化和网联化升级需求。

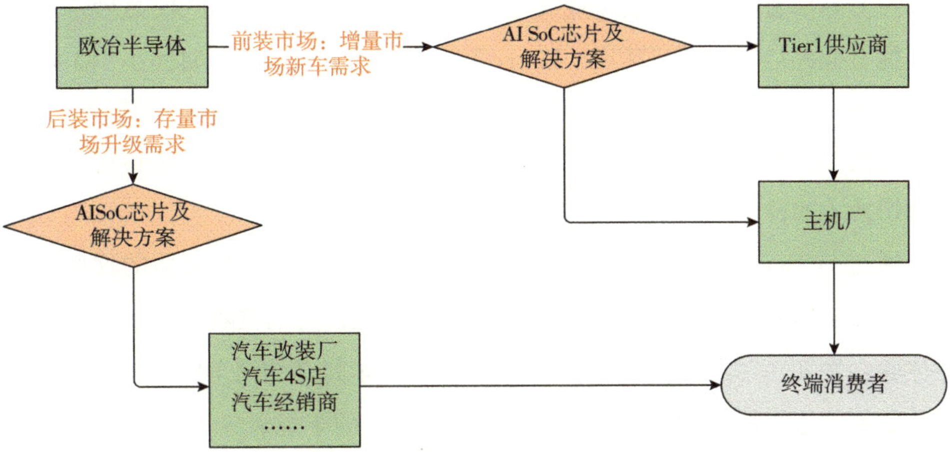

图 9-2　欧冶半导体业务流程

资料来源：作者整理。

3. 典型应用场景举例

目前，欧冶半导体的智能汽车端侧部件专用 AI SoC 芯片及解决方案在 AI 车灯和 AI 电子外后视镜等典型场景中取得了良好的应用效果并实现了技术引领，公司已与超过30家Tier1供应商合作伙伴实现了设计与技术授权合作，多款车型获得汽车项目定点。

（1）AI车灯芯片及解决方案

一套芯片平台方案支持百级像素Matrix LED车灯、万级像素Micro LED车灯、百万级像素DLP车灯应用场景需求；

智能感知、智能控制和智能光束等功能可在车灯系统内部闭环实现；

支持自适应前照明系统（AFS）及弯道照明增强；

支持自闭环智能远光控制系统，行人、机动车防眩目，30fps高精度实时光束控制；

支持高清投影和领航光毯等功能（万级像素及以上）；

支持个性化定制动画灯效。

（2）AI电子外后视镜芯片及解决方案

一套芯片平台方案同时满足乘用车和商用车的全场景需求；

为CMS提供全天候、全时域、全场景的极致图像；

在实际部署场景下，实现业界最低时延，端到端时延小于35毫秒；

拥有业界最快的开机速度，Linux系统冷启动后视频出图时间小于1秒；

支持AI去雾功能，支持盲区监视系统辅助预警信息提醒（如行人检测、车辆检测、三级距离告警），支持默认视野显示和手动调整，以及临时视野的自动切换（如转弯、倒车）。

通过与Tier1合作伙伴的设计与技术授权合作，欧冶半导体的这些解决方案已在多家主机厂的多个车型上获得项目定点，为消费者带来了创新的智能体验。例如，“龙泉560”芯片能够为电动汽车和燃油汽车的智能车灯、电子外后视镜等端侧智能部件提供高性能、低成本的车规级SoC芯片解决方案，使得智能化功能全部在部件系统内部实现，进而实现车灯系统与车身系统的解耦。这些解决方案支持客户产品的快速量产，并支持智能图像分析处理及小型化设计封装。以上应用案例展示了欧冶半导体在智能汽车端侧部件专用AI SoC芯片及解决方案领域的技术引领和实际落地成果。

（四）数据要素

1. 数据来源

通过车载摄像头、车载雷达、电子地图、定位系统等，获取道路、交通标志、车辆、行人等图像或视频信息，以及车辆动态数据和驾驶员行为数据。

2. 数据利用

对采集到的数据进行清洗、整理和归类，以提取有用的信息和规律，并利用标注好的数据对机器学习算法进行训练，构建出智能驾驶系统感知、决策和控制模型，实现智能网联相关功能。

3. 数据安全

搭建欧冶算法实验室，对真实世界场景及环境进行仿真模拟。同时，对数据采集车路测得到的数据进行脱敏处理，算法训练过程在本地进行，以保障数据安全。

4. 数据工作挑战

一是数据多样性。智能网联汽车解决方案需要收集各种天气、道路、交通状况下的数据，以确保算法的泛化能力。然而，这些数据的获取成本高昂，且难以全面覆盖所有可能情况。二是数据标注。标注数据以训练算法是一项资源密集型工作，需要投入大量的人力和时间。三是算法需要在各种复杂和不可预测的场景下做出准确的决策，这要求算法具备高度的鲁棒性和稳定性，以应对边缘案例和异常情况。

（五）场景推广

1. 适用场景类型

欧冶半导体 AI SoC 系列芯片及解决方案可广泛应用于智能汽车端侧部件，如车灯、电子外后视镜、驾驶员监测系统（DMS）、乘客监控系统（OMS）、自动驾驶数据记录系统（DSSAD）等，以及前视一体机、行泊一体和行泊舱一体等中央计算高级驾驶辅助系统汽车应用场景。

在推动汽车智能化的同时，欧冶半导体的相关 AI SoC 芯片及解决方案也可自然延伸至泛交通物流行业（如智慧交通、智慧港口等应用）和泛机器人行业（如工业机器人、具身机器人、自动导引运输车等）。

2. 项目支持条件

数据条件：芯片解决方案的算法需要数据支撑持续迭代升级，以应对各种复杂场景，提供给消费者更安全、更愉悦的驾乘体验。

组织条件：需要客户、合作伙伴及产业链中的技术、业务和采购等多个部门密切合作，不断完善解决方案，以满足主机厂的量产需求和终端消费者的智能化升级需求。

3. 场景的组织管理

针对汽车前装市场，为确保项目高效推进，通常由汽车厂商、一级供应商、芯片厂商几方成立工作组，由几方主管领导、技术主管、算法部门、软件部门以及相关业务部门组成。工作组采取驻厂服务、沟通群、电话、邮件等多种方式和模式建立长效沟通机制，确保项目工作组内部及与各相关部门间的信息流通与协作。

4. 相关建议

政策引导：建议政府部门推动制定对汽车厂商采用国产芯片的精准引导激励政策，提高国产智能驾驶 SoC 主控芯片在智能网联汽车供应链中的比重。

激励示范：建议对智能网联汽车产业核心关键技术攻关突破团队给予激励，并进行示范推广。通过征集和评选业内最高水平的前瞻性技术，直观反映行业发展的最新技术趋势，为产业技术进步树立标杆。

体系支撑：政策制定部门需要加快信息安全工程、智能驾驶功能仿真试验方法等在研标准的制定，构建智能网联汽车产品准入管理支撑标准体系，这包括功能安全与预期功能安全、网络安全与数据安全、人机交互、地图与定位、电磁兼容等方面的标准，以确保智能网联汽车的安全性和可靠性。

强化宣传：建议政府通过多种渠道和形式，如科普活动、媒体宣传和教育推广等，加强智能网联汽车的科普宣传，提高公众对智能网联汽车技术的认知和理解，提升公众的信任度和接受度，从而为智能网联汽车的推广和应用营造良好的社会氛围。

二、浙江深象智能助力汽车零售线下空间智能化升级

（一）案例概要

1. 基本情况

当前，智能网联汽车的线下门店进驻商场核心位置，已经成为行业共识与标配。这些门店直接面对消费者，吸引潜在客户，已成为汽车品牌将潜在客户转化为消费者的重要环节。在此背景下，深象智能科技有限公司（以下简称深象智能）基于在银泰百货线下商场的数智化升级经验，以及对线下商业实体（如商场和超市）中人、货、场交互逻辑的深度理解，打造了一整套软硬件一体化的机器视觉智能解决方案（见图 9-3），帮助汽车品牌实现智慧门店的建设，推进线下门店的数字化和智能化管理。深象智能的“智慧门店”解决方案能够深度挖掘脱敏后的消费者与门店产品之间的交互大数据，以及消费者与导购人员的互动模式，从而利用数据智能指导线下门店运营，提升门店的运营效能（效率 + 效果）。

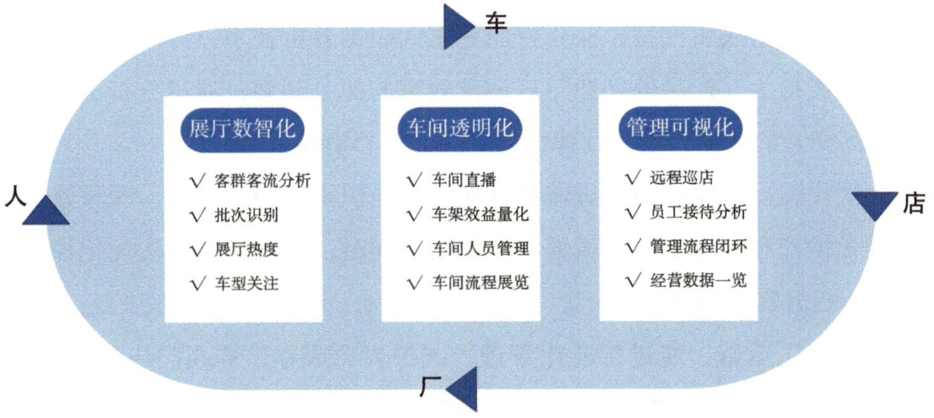

图 9-3 深象智能场空间机器视觉解决方案项目介绍

资料来源：作者整理。

2. 项目亮点

提质：深象智能成立了端智能算法团队，针对特定的端侧硬件平台进行极致化的算法优化和适配，以降低 AI 模型的算力消耗。目前，深象智能能够在

千元级的AI盒子上运行可覆盖200平方米的多路视觉感知设备算法，并满足业务效果需求。该算法还兼容市面上从几百元到上千元的各种品牌摄像头，充分利用门店配置的旧摄像头，降低落地成本。此外，该方案具备良好的扩展能力，未来门店规模扩大时，只需增加盒子或服务器数量，即可适配从几十平方米到几千平方米不等的线下门店，实现多个算力设备的联动作业。

增效：在算法层面，深象智能通过大模型技术提升了算法研发效率。在视觉感知领域，过去不同类型物体的识别算法需要从头标注、调试和训练，开发效率较低。大模型的引入能辅助小模型的训练。例如，在特定场景的算法识别训练中，大模型可用于数据标注，从而降低训练成本并缩短模型研发周期。

降本：近年来，人工智能成本是困扰企业数字化、智能化的原因之一。深象智能科技在人工智能研发过程中注重成本控制。公司选择高性价比的国产芯片设备，并对芯片进行极致的算法优化，以降低算力设备的成本，从而减轻客户在大规模应用部署上的经济负担。

3. 项目特点

数据驱动的决策支持：深象智能利用大数据分析技术，为汽车品牌提供关于消费者行为、产品偏好和门店运营效率的深入洞察；通过分析消费者与门店产品交互的数据，帮助品牌优化产品展示和销售策略。

智能化客户体验：通过机器视觉技术智能识别消费者行为，深象智能提供个性化推荐和即时反馈，增强客户体验；同时，利用智能算法优化导购服务流程，提升客户满意度。

高效门店运营：通过智能化管理，减少人力成本，提高门店运营效率；实现门店环境的实时监控，及时发现并解决问题。

精准市场定位：深象智能结合机器视觉和数据分析技术，帮助品牌精准定位目标市场和消费者群体；通过分析消费者行为模式，预测市场趋势，制定产品开发和营销策略。

灵活系统部署：深象智能的系统设计考虑了不同规模门店的需求，能够灵活部署，适应从小型门店到大型展厅的不同场景。随着门店规模的扩大，系统支持快速扩展，便于轻松升级。

（二）技术架构

该解决方案包含了深象智能多项具有创新性的、自主研发的核心技术。

1. 实战场景中的大规模跨镜行人实时追踪技术

该技术可以同时跟踪超过千路镜头，在密集人群、复杂背景和不同光照环境中表现出色，能够确保高效、准确的监控。

2. 高精度人脸识别和实人认证技术

在非受控环境下，该技术的识别准确率可达 98%。此外，实人认证系统的识别率和安全性已获得线上快速身份验证（FIDO）联盟的认证，成为国内首个达到此认证标准的系统。该技术仅在用户有充分授权时使用，严格遵守有关个人隐私的法律法规。

3. 复杂人—货交互行为识别技术

国内首次将行为识别应用于实体零售的安全管理。该技术能够准确识别多种人—货交互行为，包括汽车展厅的上下车行为、商超中的防盗互动（如取货、放货、触碰货物等）、POS 机的商品假扫和漏扫、快递站点的开箱验视，以及食品安全中的厨师规范操作和冷藏报废识别。

4. 大规模向量检索技术

该技术能够在亿级数据库中实现 99% 的召回率，并在 10 毫秒内返回检索结果，极大地提升了信息查询的效率。

5. 三维室内地图重建及定位技术

基于自主研发的移动机器人，该技术可以收集真实场景中的定位数据，自动进行地图建构和镜头标定，快速支持大型场地的部署和服务工作。

（三）业务介绍

1. 业务对象

相关解决方案广泛适用于智能网联汽车的品牌商、经销商或传统的 4S 店。

智能网联汽车品牌商：深象智能提供数字化门店管理和客户体验优化的解决方案。深象智能可以通过智能技术帮助智能网联汽车品牌商进行市场分析、客户体验优化和门店管理。例如，通过智能分析消费者行为，帮助品牌商优化产品展示和销售策略；利用智能监控系统提高门店运营效率；通过数据驱动的决策支持，指导品牌商进行市场定位和产品开发。

汽车经销商或4S店：为汽车经销商提供智能化的门店运营工具，帮助提升销售效率和客户满意度。深象智能的产品能够改善客户服务和门店管理。例如，通过智能导购系统提供个性化客户服务；利用智能监控系统实时监控门店运营状态，及时发现并解决问题。

2. 业务流程

（1）环境识别与数据采集

多源环境识别：通过深象智能的终端系统和人工智能应用，收集门店内人、车、场的基础参数，包括消费者行为、产品展示状态和门店布局等信息。

数据采集：采集门店内的视觉数据和交互数据等信息，形成统一的数据平台，以便后续的数据分析和处理。

（2）数据分析与智能处理

大数据分析：利用人工智能技术对整合后的数据进行深入分析，识别顾客行为模式和偏好，为营销策略提供数据支持。

智能诊断：通过人工智能技术对员工服务数据进行分析，识别服务流程中的瓶颈和不足，提出改进建议。

（3）人工智能产品应用

客流跟踪系统：实时监控展厅内的顾客流量和行为，生成热力图，辅助优化车辆展示布局和员工排班。

服务监控系统：在4S店中利用视频监控和物联网传感器，实时监控售前、售后服务过程，评估员工行为和话术，提供个性化培训建议。

智能排班系统：根据顾客流量和行为数据，智能优化员工排班，确保高峰时段的服务效率。

数据反馈系统：提供实时数据反馈，帮助管理层进行漏斗分析和客群画像，为营销策略和产品展示提供决策支持。

（4）用户反馈与服务优化

用户反馈收集：通过门店系统、在线平台、调查问卷等方式收集用户对人工智能产品的使用反馈，了解产品的优势和不足。

服务优化：根据用户反馈和人工智能分析结果，不断优化服务流程和员工培训计划，提升服务质量和用户满意度。

（5）合作伙伴关系拓展

与汽车品牌合作：与汽车制造商、配件供应商等行业伙伴合作，共同探索智能化管理系统在汽车销售和售后服务中的应用，提升行业整体服务水平。

与商业地产开发商合作：为商业地产开发商提供智慧客流解决方案，帮助其提升商业空间的价值和吸引力。

3. 典型应用场景举例

以深象智能在极氪品牌中的应用——“新能源汽车线下智慧门店”系统为例，具体应用场景如下。

案例背景：某极氪汽车品牌旗舰店为了提升线下空间的远程管理运营督查质量、展厅接待工作人员的流程规范性和服务质量、店铺的经营效率，进而提升品牌形象、吸引潜在客户，并将潜在客户转化为消费者，采用深象智能提供的“新能源汽车线下智慧门店”解决方案。

服务模式：深象智能的智能管理系统通过客流跟踪、热力图分析、视频监控、物联网传感器和音频记录技术，实现对展厅和4S店的全面监控与分析。该系统能够自动收集展厅人、车、场和人—人、人—车交互行为的真实顾客行为数据，评估经营效能、员工服务表现，及时发现问题并提供个性化培训建议。此外，系统还能与门店的员工电子工牌标签和AI监控对接，优化排班管理和供应链管理，实现服务流程的智能化。

具体做法：

客流跟踪与分析。在展厅安装智能摄像头，实时跟踪顾客、导购员的群体轨迹和行为模式，生成热力图，帮助优化车辆展示布局和员工排班。

服务监控与评估。在4S店部署视频监控和物联网传感器，实时监控售前、售后接待服务过程，评估员工行为和话术，提供改进建议。

语音识别与培训。利用语音识别技术，分析员工与顾客的对话，评估服务质量，提供个性化培训资料，提升员工服务技能。

智能排班与供应链管理。根据顾客流量和行为数据，智能优化员工排班，调整车辆供应链，确保高峰时段服务效率。

数据反馈与决策支持。系统提供实时数据反馈，帮助管理层进行漏斗分析和客群画像，为营销策略和产品展示提供决策支持。

（四）数据要素

1. 数据集成与分析

深象智能在智能汽车的智慧门店中，对集成的视频监控数据、消费者行为数据和车辆展示信息等多源数据进行深度分析与挖掘。采用跨镜追踪（ReID）技术，精准定位消费者并识别其全局和局部特征，如衣服颜色、背包、鞋子等，且无须依赖人脸等生物特征信息。通过高效融合视频多帧信息，提升特征完整性，并利用卷积神经网络（CNN）和图神经网络（GNN）计算不同目标之间的相似度，从而实现高质量的行人轨迹多层次关联。

2. 智能辅助决策

应用前沿的机器学习技术，如弱监督 ReID 训练、域自适应等，为门店管理者提供精准的消费者行为分析与预测。通过智能算法辅助门店制定更有效的营销决策，如根据消费者的兴趣点和行为模式推荐相应的营销策略，以提高购买转化率。

3. 门店运营管理

通过持续跟踪和分析消费者的健康数据，为门店提供个性化的运营管理方案和及时的干预措施。利用多维度灵活可编排的聚类引擎，针对不同业态制定相应的聚类流程，使用时间、空间及衣着、饰品等非生物特征进行多维度信息聚合。

4. 资源优化与安全

通过对门店客流的实时监控和数据分析，优化资源分配与使用。例如，根据客流情况调整导购员的分布，以提高门店运营效率。采用多模态部署形式，包括基于云原生架构的分布式数据归集与分析服务和本地化容器化部署，确保数据处理的高效性和稳定性，同时满足汽车品牌对数据安全性的要求。

（五）场景推广

1. 适用场景类型

实时数据分析与决策支持：适用于需要快速响应市场变化和消费者行为的门店，如新能源汽车品牌线下展厅。

消费者行为深度分析与精细化管理：适用于需要对消费者行为进行深入分析和精细管理的门店。例如，通过分析消费者在不同车型前的停留时间，优化车辆展示布局。

数据安全与智能化升级：适用于对数据安全有严格要求的门店，这些门店需要在本地处理数据而不依赖云端服务。该应用场景强调本地化部署的数据的安全优势，以吸引对数据保护有高要求的企业。

2. 项目支持条件

政策条件：政府需提供明确的数据保护法规框架，确保消费者隐私权益，从而为智慧门店的数据收集与处理提供合法性指导。

技术支持：系统使用方需确保门店具备高速稳定的内部局域网环境，以便向深象智能的系统传输实时数据。合作方应具备智能化改造或升级能力，包括安装智能监控系统，配置边缘计算设备、网络设备等，以支持智慧门店的技术升级。

3. 场景的组织管理

深象智能将指派项目经理和技术支持团队，负责项目实施、技术支持、技术运维和系统应用培训。客户需提供必要的门店数据、摄像头等硬件设备，以及现场协调人员，确保数据的准确性和现场设备安装等的顺利进行。合作方，如硬件供应商，需保证设备的及时供应和安装。政府则负责政策咨询和市场监管，确保项目合规，并通过定期会议和报告，使各方保持沟通，共同推进项目实施。

4. 相关建议

政府推广与宣传支持：建议政府通过官方渠道和公共媒体平台，积极宣传智能化管理系统在提升顾客体验和员工绩效方面的益处，以增强公众和行业对智能化转型的认知度与接受度。

数据安全法规制定：鉴于智能化管理系统涉及大量数据，建议政府制定严格的数据安全法规，确保顾客和员工的个人信息安全，并建立有效的数据泄露应急响应机制，以及时应对潜在风险。

人工智能产业扶持政策：建议政府加大对人工智能产业的扶持力度，特别是对采用国产芯片和算法的企业给予税收减免和资金补贴等优惠政策，以降低企业成本，促进技术的应用与创新。

国产芯片发展支持：针对国产芯片面临的挑战，建议政府采取提供研发资金支持、税收优惠、市场准入便利化等措施，同时建立稳定的供应链体系，保障芯片供应。

人才培养与引进：建议政府联合高校和研究机构，加强人工智能领域和智能硬件领域的人才培养，同时吸引海外高端人才，为产业发展提供人力资源保障。

算力基础设施建设：建议政府支持建设区域性算力中心，为人工智能企业提供必要的算力资源，以降低企业运营成本，促进人工智能技术的广泛应用与持续发展。

三、苏州挚途科技推动物流行业智能化升级

（一）案例概要

1. 基本情况

苏州挚途科技有限公司（以下简称挚途科技）是由一汽解放发起的自动驾驶企业。公司自主研发的鹰腾自动驾驶系统构建了从感知、运算、规划到车辆控制的全流程技术链，安全性和性能等指标在行业中处于领先地位。挚途科技聚焦干线公路、环卫、口岸、工厂、园区和港口等场景，致力于智能车辆产品的技术研发与市场化应用，提供完整的自动驾驶与智慧物流解决方案，助力物流行业向更智能和更安全的方向发展。

截至2023年底，挚途科技累计申请专利252件，其中97%为发明专利。公司获得了ISO 26262:2018 ASIL-D国际认证，成为中国汽车基础软件生态委员会（AUTOSEMO）核心成员之一。2024年，挚途科技被认定为江苏省“专精特新”中小企业，2022年11月获得国家高新技术企业认证。其他主要荣誉包括：2021年被评为中国潜在独角兽企业，2021年跻身毕马威中国领先汽车科技企业50强，2022年入选中国汽车新供应链百强，并获得江苏省民营科技企业和苏州市数字经济示范企业称号等。

2. 项目亮点

灵活性：先进的基础软件平台——车 + 云软件平台。目前，国际上与面向服务的架构（SOA）中间件相对应的自适应汽车开放系统架构（AUTOSAR）标准尚处于起步阶段，主要供应商如 Vector、EB 和 ETAS 等在应对国外芯片时收费较高且反应缓慢。相对而言，挚途科技的自主开发具有更大的灵活性和针对性，能够快速适配国内相关芯片，从而实现与国际领先水平同步乃至超越。该平台进一步整合片上系统与单片机基础软件，构成高性能车载计算平台，包括自动驾驶域控制器、服务型网关和信息娱乐系统。

能力提升：在经过移植和适配后，该软件平台可以应用于智能天线和新一代混合网关，支持软件定义汽车（SDV）的个性化定制开发。在云端方面，平台基于通用云服务（包括云计算和云存储）基础设施提供的基础设施服务（IaaS）或平台服务（PaaS），首先实现与车辆端的通信协议，以满足传感器数据的上传和封闭场景的控制调度指令的下发。随后，利用云端资源对各类数据进行分类存储，并实现大数据查询与分析，提升整体系统的智能化水平。

（二）技术架构

挚途科技拥有六大核心技术平台（见图 9-4）。

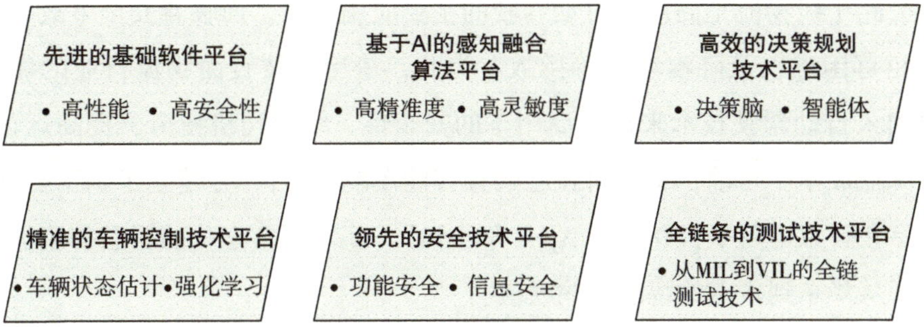

图 9-4 挚途科技的技术架构

资料来源：作者整理。

先进的基础软件平台依托于车 + 云平台，其中云平台包括高安全等级的 CP AUTOSAR 单片机软件平台、自主 SOA 中间件高性能片上系统软件平台，以及云端 AI 大数据分析平台，这些平台共同确保与自动驾驶相关的硬实时应用（如车辆控制和安全监控）的安全与稳定。

基于 AI 的感知融合算法平台利用深度学习、同步定位与地图构建（SLAM）及融合定位技术，提供 2D 目标检测网络无法提供的目标长宽高和偏转角信息。该平台在保证检测精度的前提下，简化了网络结构，确保了精度与检测速度的平衡。

高效的决策规划技术平台结合智能体（如单体决策与多智能体协同）和云脑（如深度学习与强化学习算法），实现精准控制，融合高级思考与低级反射，打造既智能又安全的决策系统。

精准的车辆控制技术平台专注于三大算法方向，拆分为三大业务方向，实现对车辆状态的精准估计，并应用强化学习算法。

领先的安全技术平台设计高功能安全技术，以满足具体场景的需求，确保从流程到设计验证以及全链条端到端（云端—管端—车端）的安全保护。

全链条的测试技术平台则利用模型在环测试（MIL）、软件在环测试（SIL）、硬件在环测试（HIL）等技术，保障软件开发和测试体系的正常运行。

（三）业务介绍

1. 场景介绍

公路干线物流是商用车自动驾驶的主要应用场景，面临着安全事故率高、司机招募困难以及降本增效等挑战。为此，挚途科技直面物流行业的痛点，通过引入自动驾驶技术来提升商用车的安全性、缓解司机疲劳、提高运输效率并降低成本。目前，挚途科技已购置智能车辆 82 台，并建立了基于云计算的数字化智慧运营平台和手机 App“挚小运”，实现了常态化的智慧物流运营，构建了从华东到华南的智能运输通道。

2. 解决方案介绍

不同于传统物流公司采用普通车辆进行运营，该项目采用智能车作为运载工具。车辆型号包括一汽解放 J7、J6V 等重型半挂牵引车，搭载挚途科技自主研发的 L2 及以上级别自动驾驶系统。这些系统支持多项自动驾驶功能，包括前车碰撞预警、车道偏离预警、自动紧急制动、自动巡航和盲区检测等。尽管自动驾驶系统提高了购车成本，但其显著提升了安全性并降低了司机的劳动强度，吸引了更多年轻人加入货运物流行业。

在智慧调度系统方面，项目通过智能车载体，实现业务、车辆、人员及费用等的协同与智能连接。这一系统减少了物流企业在运营管理上的人力成本，降低了司机的操作负担，提高了调度精度，提升了车辆出勤率，并减少了空驶里程和停驶时间。在安全员服务体系建设方面，围绕司机建立了与人相关的自动驾驶生态服务，通过手机 App“挚小运”提供安全员的培养与培训、考核标准、安全员数据库等服务，以安全员为第一视角融入业务场景、技术与人文情感，宣传自动驾驶及物流行业相关技术与服务。

3. 应用成效

截至 2023 年底，挚途科技已与中国邮政、德邦、顺丰、申通、韵达、百世、极兔、中通等 20 余家头部物流企业建立业务联系，投入智能车 80 多台，承接 56 条干线运输线路，包括苏州—青岛、苏州—厦门、苏州—东莞等，累计货运量达到 46 万吨，运营里程达 3000 万公里，平均每月行驶里程超过 180 万公里，自动驾驶的最高占比约为 96%，综合人车比为 1.5∶1，一半的线路实现了单人常态化驾驶，单程最高里程超过 1500 公里，未发生主动事故。

4. 创新经验

一是采用智能车，大幅提升车辆运行安全性，使司机更愿意使用智能车并从事物流行业。

二是搭建云端智慧调度系统，实现全业务流程的高效运营。

三是通过手机 App“挚小运”，围绕司机建立起与人相关的自动驾驶生态服务。

（四）数据要素

1. 数据来源

通过 Z-Cloud 智能环卫车在线调试，完成园区环卫和智能公路平台二期的远程控制功能开发，实现对挚途测试车辆的远程监控与数据采集。该系统具备全局监控、轨迹跟踪、轨迹回放以及 AI 视角下的视频融合显示等功能。

2. 数据利用

对采集到的数据进行清洗、整理和归类，以提取有用的信息并发现规律。采用标注好的数据对机器学习算法进行训练，构建无人驾驶系统的感知、决策和控制模型，以实现无人驾驶的网络连接相关功能。

3. 数据安全

搭建挚途科技安全技术平台，实现从安全分析、安全设计到安全架构的全流程安全开发，并提供全链条的安全保护，包括云端、管端和车端。确保公钥基础设施（PKI）/ 数字证书认证系统（CA）建设安全、通信安全、汽车软件升级（OTA）安全、远程指令安全、车内总线安全及芯片加密过程安全。

4. 数据工作挑战

一是数据多样性。无人驾驶汽车解决方案需要收集各种天气、道路和交通状况下的数据，以确保算法的泛化能力。然而，这些数据获取成本高昂，且难以覆盖所有可能的情况。

二是数据成本。无人驾驶对环境感知要求较高，通常需要在车辆周围增加激光雷达、毫米波雷达、摄像头及定位设备。这要求感知系统采集的数据能够得到快速处理和响应，从而对整个计算系统提出更高的要求，需要增加高算力芯片、域控或中央计算单元。

三是算法鲁棒性。算法必须能够在各种复杂和不可预测的场景中做出准确的决策，这要求算法具备高度的鲁棒性和稳定性，能够有效应对边缘案例和异常情况。

（五）应用推广

1. 适用场景类型

挚途科技的无人驾驶技术可广泛应用于多个场景，包括干线物流、无人配送、无人环卫、港口货运、矿区运输、Robobus 和 Robotaxi 等。

干线物流：无人驾驶干线物流每年可节省 8 万 ~20 万元的人力成本，目前行业 L3 级别渗透率达 12%。产业中存在多种商业化路径，如“商用车主机厂自研 + 外购”、自动驾驶初创企业与商用车主机厂的合作，以及自动驾驶初创企业与物流平台的结合。挚途科技已率先完成 L3 级别干线物流重卡的量产交付。

无人配送：无人配送主要包括室内配送机器人和室外无人配送车，针对不同场景需求解决“最后一公里”的配送问题。然而，受限于法规、基础设施和标准的缺失，整体产业发展仍较为缓慢。截至 2024 年 8 月，头部企业运营车辆超 5000 台，覆盖 30 多个城市。

无人环卫：挚途科技的无人驾驶技术应用到无人环卫场景下可以节省超过 60% 的人工成本，降低近 40% 的运营费用。目前，已有 20 多家企业深耕这一领域，如酷哇机器人、仙途智能和文远知行等，在北京、上海等多个城市开展示范运营。然而，开放道路的无人环卫仍面临责任主体不明确、路权管理不完善等挑战。

港口货运：港口环境的道路干扰因素较少且基础设施完善，为无人驾驶推广提供了良好的应用场景。目前，无人集卡相较于自动引导运输车（AGV）方案能显著降低成本，因此得到快速发展。西井科技、主线科技和飞步科技等公司在国内 20 多个重要港口投入产品运营，无人集卡数量已超过 800 台，推动了港口货运的发展。

矿区运输：矿区具有发展无人驾驶的天然优势，但粉尘和路面震动对感知系统构成挑战。慧拓和踏歌智行等专注于矿区无人驾驶的企业，通常采用云控平台、自动驾驶系统、5G 通信和远程驾驶的解决方案。目前，国内矿区无人车数量达 800 台，铁矿场景占比提升至 35%。

Robobus：微循环公交是无人驾驶公交的主要应用场景。目前，国内已有苏州、重庆、广州等 15 个城市在公开道路上运营无人驾驶公交。2022 年全国有 60 条无人驾驶公交运行路线，总里程约 400 公里。宇通等公司已推出其第三代无人驾驶公交。

Robotaxi：受限于政策要求、技术可靠性、成本安全等挑战，现阶段

Robotaxi 只能进行道路测试以及面向公众的示范性运营，并需配备安全员，市场化仍处于起步阶段。然而，随着无人驾驶政策的推动，特斯拉、小鹏和理想等车企正在积极布局 Robotaxi，未来发展前景广阔。预计到 2025 年，末端无人配送、自主代客泊车以及矿区或港口无人自动驾驶将逐步落地并发展壮大；2025—2030 年，城市道路 Robotaxi 将实现规模化落地。

2. 项目支持条件

数据基础设施条件：无人驾驶技术的应用场景多样且复杂，寻找合适的落地场景一直是该产业商业化的重要前提。为支持大规模的无人驾驶运营，需要建设配套的充电站和维修设施等基础设施。

组织条件：项目的实施依赖于客户、合作伙伴及产业链各个环节的技术、业务和采购部门之间的密切合作。只有不断完善解决方案，才能满足主机厂的量产需求及终端消费者对改装升级车辆的需求。

3. 场景的组织管理

无人驾驶技术落地的关键在于感知、决策和执行等核心环节的技术闭环，确保系统安全可靠。然而，由于汽车出行场景的多样性和复杂性，实现全场景适应面临巨大的技术挑战。因此，寻找合适的无人驾驶技术落地场景成为产业商业化的迫切需求。举例而言，封闭或半封闭场景由于动态和突发的干扰因子相对较少，行驶规则简单且行驶速度较低，其技术闭环难度相对较低，因而成为无人驾驶商业化的主要场景。

4. 相关建议

政策引导：鼓励发展与无人驾驶等结合的物流新模式，完善自动驾驶在港口物流中的法律法规以及事故责任的界定和归属。

体系支撑：推动完善行业技术标准及操作规范。不同港口和地区可能采用不同的技术标准和操作规范，这不利于自动驾驶技术的推广与应用。需要制定统一的行业标准，以确保自动驾驶车辆在不同港口之间的通用性和兼容性。

数据安全管理：建立完善的数据安全管理体系，采取有效措施保障数据的安全和隐私。自动驾驶车辆会收集大量的港口物流数据，包括货物信息和车辆行驶轨迹等。因此，需要加强数据加密和网络防护力度，防止数据泄露和恶意攻击。此外，必须确保自动驾驶系统不受网络干扰和恶意控制，以保障港口物流的正常运行。

四、北京千方科技助力智慧交通综合治理

（一）案例概要

1. 基本情况

北京市朝阳区望京地区的区域交通综合治理项目充分利用大数据、5G、时空优化与协同控制和人工智能等智能技术，从疏堵、治乱、优化信号和提升公众出行体验等多个方面，推动望京区域交通治理向精细化、智能化高质量发展。该项目在望京交管部门的大力配合下，基于北京千方科技股份有限公司（以下简称千方科技）自主研发的感知设备，实现了全域、全要素、全时段的感知能力。同时，千方科技结合自研的云边一体智能路口应用平台，为路口交通秩序管理和信号配时优化提供支持，保障路口交通安全，提升交通运行效率和管理水平。截至 2024 年 12 月，项目已完成 80 多个路口的全息感知改造，动态绿波带扩展至 15 条，覆盖 25 公里（原为 14 公里），并使 60 个路口实现动态协调优化。通过人工智能交通流预测模型和实时大数据分析，系统可动态调整信号配时，高峰时段路口通行效率提升 22%。

2. 项目亮点

精准感知、发现问题：基于路口视频、雷达和信号等多源数据，通过智能化感知和认知模型，对机动车辆、行人和非机动车进行全要素、全时段、全场景的精准感知。支持 100 多个目标并发分析，能够识别主要交通元素的属性行为和 18 种异常事件，并通过数字孪生技术进行全息呈现，实现路口全量交通指标计算和事件监测。

精细诊断、分析问题：依托智能化决策模型，运用深度学习和机器学习等人工智能算法，针对业务建立指标体系。基于路口传感器数据，实时计算交通流量、饱和度、绿灯利用率等百余种指标，进行多维度诊断分析，识别路口存在的问题。

精确治理、解决问题：以交通行业大模型为基础，利用时间和空间优化模型决策及多种人工智能算法，支持基于人工智能的路口分时段管理决策模型、基于实时感知数据的交通信号控制方案优化模型、基于复杂网络的交通诱导模型及基于动态交通流的潮汐车道管理模型，赋能路口综合缓堵、安全预警和整体优化。

3. 项目特点

路口数字孪生：基于高精度地图和数字孪生可视化技术，实现对路口各类交通设施、多模态交通流运行状态、信号配时、实时运行效能等级和交通安全等场景的精细化展示。

全息数据感知：利用多维感知、人工智能计算和边缘计算等技术，实现对路口流量、视频和信号等数据的实时感知，实时掌握车辆轨迹和运行状态等重要交通数据。

路口双智协同：通过智能网联和智慧路口，实现感知设备的共建、数据共享和算力共用，增强数据应用能力，为交通管理赋能，实现降本增效。

丰富算法模型：采用目标检测、语义分割、路径规划和强化学习等算法技术，基于先进的人工智能算法，在路口智能化感知、认知和决策层面构建模型库。

业务管理闭环：通过平台建设，实现云边协同，支持覆盖从路口感知、信号控制、信号优化到运行评价的全流程的业务闭环管理。

（二）技术架构

平台基于云边一体的操作系统架构，打通了云、边、端的物理界限，利用 AI 大模型、云原生和大数据等新一代信息技术，实现双智协同、感知设备共建、数据共享和算力共用，聚焦于城市基础单元——路口的精细化治理（见图 9–5）。

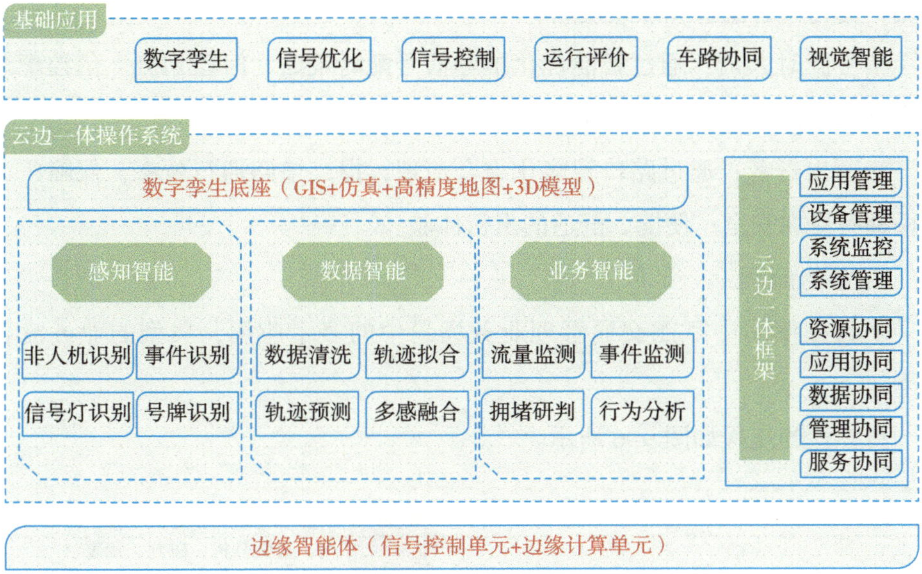

图 9-5 千方科技解决方案的技术架构

资料来源：作者整理。

边缘设施层：每个路口的感知设备、通信设备、控制设备以及边缘计算设备共同组成边缘智能体，以共享、共建、共用的方式支撑路口前端应用。

平台底座层：以感知智能、数据智能、业务智能、数字孪生底座等为支撑，涵盖算法服务和业务接口，构建智能化感知、认知和决策层面的模型库，为智慧城市各领域应用赋能。

前端应用层：包含数字孪生、信号优化、信号控制、运行评价、车路协同和视觉智能六大智能路口应用，并支持通过开发平台进行扩展，能够与生态企业共同丰富智能网联、智慧交通和城市管理等多元化行业应用。

（三）业务介绍

1. 业务对象

平台服务于交通管理的多个方面，业务对象包括但不限于以下几类。

交通管理部门：为交通管理部门提供实时交通数据和感知分析统计结果，基于数据实现深入洞察和决策。

城市管理和规划部门：通过收集和分析交通数据，支持城市交通管理和规划，优化交通流量和道路使用。

信号配时人员：通过智能优化推荐信号配时策略、时段划分、信控配时方案下发等，大幅提高配时效率。

交通出行者：通过路口智能化综合治理，提高道路通行效率，保障广大市民拥有更加安全、便捷、舒适的出行体验。

2. 业务流程

平台在使用中赋能交通管理业务场景中的多个应用，典型的业务流程如下。

目标检测流程如图 9–6 所示。

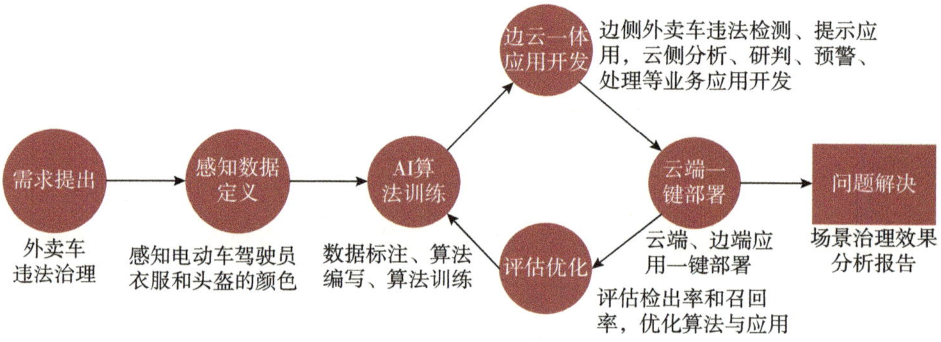

图 9–6　目标检测流程

资料来源：作者整理。

信号优化流程如图 9–7 所示。

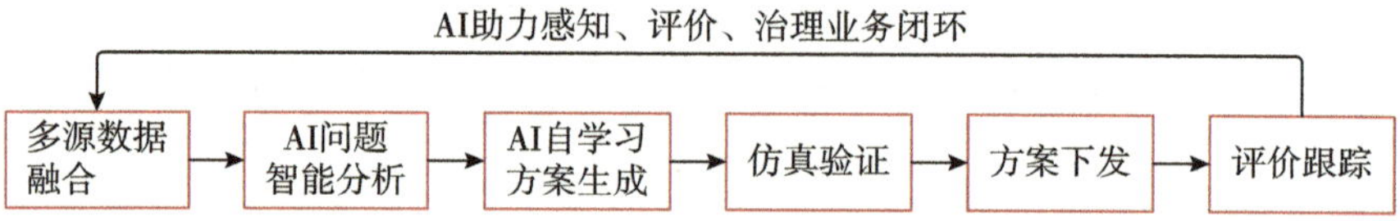

图 9–7　信号优化流程

资料来源：作者整理。

3. 典型应用场景举例

目前，平台在如下几个业务场景取得很好的效果：

快递外卖分析：利用路口视频作为数据来源，通过 AI 引擎对视频感知数据进行智能分析，有效识别机动车、非机动车和行人等交通要素及其属性。同时，对外卖快递车辆的违法行为（如压线、逆行、闯红灯和占用机动车道）进行识别，提供抓拍证据，帮助企业进行安全教育和行为约束。

动态绿波协调：在项目实施过程中，基于边缘智能设备实现跨品牌设备的协同优化控制。通过 AI 优化引擎和算法，针对实时变化的交通流，提供特定的协调阶段和相位差，实现动态绿波协调。优化后，整体通行效率提升 20%，停车次数减少 53%，行程时间缩短不少于 20%，车辆能够连续不停车通过多个路口，从而大幅提升驾乘体验和通行效率。

统一信号控制：项目建设后，实现了对多厂商信控系统的统一控制，支持在同一页面管理方案，满足路口信号监视和特殊控制等业务场景，提供一站式联网联控。

综合评价分析：通过 AI 智能分析，针对常发生拥堵的路口、时段和方向，从信号控制、交通组织和流量饱和等多个方面分析拥堵原因。使用科学可视化图表进行对比展示，并计算出百余种指标，提供诊断建议，为路口治理提供数据支持。

设备异常维护：通过统一平台对路口场景中的所有设备（如信号机、电子控制单元和电警卡口）进行一体化管理。利用 AI 智能巡检，全面掌握设备分布及状态，及时检测异常并发出警告。

（四）数据要素

1. 数据来源

智能路口的数据来源主要包括交通信控系统（如信号机和信控平台）和路侧感知设备（如电警摄像头、毫米波雷达等）。交通信控系统提供路口的道路渠化信息、信号灯状态和当前运行信号方案等数据；路侧感知设备则提供视频流、车辆过车信息、交通流量、车辆类型、行驶速度和交通事件等信息。这些数据具有数据量大、实时性高和内容丰富的特点，但同时也存在信息碎片化严重的问题，需要进行整合与提炼。

2. 数据利用

路口数字孪生：边缘计算 AI 算法将视频流解析为结构化数据，提取路口机动车、非机动车和行人的位置、类型、速度及行为等信息。通过信息融合和同步技术，这些信息将在高精度3D地图上展示，为交通管理提供强大的决策支持。

路口运行评价：边缘计算指标合成算法利用收集到的数据，实时分析交通流量，计算路口运行指数，识别交通拥堵的模式和趋势，为路口提供精准画像。

交通信号优化：通过数据分析，系统能够实时优化交通信号配时方案，实现干线的动态绿波协调，使路口信号方案自适应交通需求，从而降低机动车延误，减少行人等待时间，提高通行效率。

事件监测与响应：智能路口系统能够实时监测交通事件和车辆故障等，并迅速做出响应，例如，调整信号灯或通知救援服务部门。

需求预测分析：通过历史数据和机器学习算法，系统能够预测未来的交通流量和趋势，为城市规划和交通管理提供依据。

3. 数据安全

数据加密：对敏感数据进行加密处理，确保数据在传输和存储过程中的安全。

访问控制：实施严格的数据访问控制，确保只有授权人员才能访问敏感数据。

数据备份：定期对数据进行备份，以防数据丢失或损坏。

安全监控：部署安全监控系统，实时监测数据安全状况，及时发现和响应安全威胁。

4. 数据使用中的挑战

高效实时：交通场景的高要求决定了AI算法必须在具备高精准度的同时，具备快速、实时计算并响应的能力。

数据融合：智能路口的数据来自多种设备和系统，需要融合这些数据，建立统一的数据底座，并制定一套统一的数据规范和接口。

质量监控：确保用于实时信号控制的数据的准确性和可靠性至关重要。可利用时间序列算法对数据质量进行实时监控，及时监测异常并发出警报。

模型开发：大量数据未被充分利用，需要开发和应用人工智能学习及统计分析算法，挖掘数据中的隐含信息，为城市交通治理赋能。

隐私保护：在收集和使用数据时，需遵守相关隐私保护法规，确保个人隐私不被泄露。

（五）场景推广

1. 适用场景类型

尚未建立智慧路口平台：针对最新规划的路口，可提供鲲巢全套云、边、端软硬件产品，以实现一站式综合治理。

已建设相关平台：如果现有平台包含多厂商设备且采用多平台管理，因各厂商设备的使用方式和界面不统一，学习成本高、效率低下，可在已有基础上基于标准协议进行对接，实现统一页面的操作和管控。

已建设相关平台但功能不完善：如果平台的智能化程度不高，缺乏更多算法模型的支撑，数据价值未得到充分发挥，可专门引入智能模块，例如，运行评价和信号优化模块，在已有数据的基础上进行智能分析。

已建设功能完善的平台：针对特定场景的交通治理问题，可以进行定制开发。该平台具备模块化开发和微服务架构，支持快速定制和灵活部署。

2. 项目支持条件

政策条件：在政策和市场需求的推动下，构建统一的信控管理平台是城市交通信号管理发展的必然趋势。路口治理是城市交通发展的新路径，目前我国大部分城市仍然多品牌交通信控系统并存，彼此之间无法实现信息共享。需在政策的支持下，从上到下推动联网联控，以提升跨平台交通信号管理的效率和策略水平。

硬件条件：为便于集中管控不同厂商设备，需要各品牌信号机厂商提供开放的通信协议，或按照 GB/T 31418–2015 标准协议对接实现信号机接入平台。此外，各厂商的信控系统应提供其接口和开放协议，按照行业标准 GA/T 1049 协议接入，以实现全域控制优化。

视频访问条件：需要基于电警、卡口或摄像头的视频进行 AI 视觉智能分析，包含目标检测和目标追踪。视频需达到 1080P 的清晰度，拍摄角度需合理，同时工作台的查看需具备支持多宫格视频预览的带宽。

组织协同条件：平台需具备多源数据融合的能力，涉及多种硬件（如信号机、雷达）以及地图数据的采集、渲染和处理能力。这需要多厂商之间协同作战，建立有效的沟通机制，以确保数据的有效对接。

3. 场景的组织管理

项目组织与管理：为确保项目的有效推进，北京市朝阳区人民政府组织成立了望京区域交通综合治理工程项目领导小组。该小组由区交管局牵头，联合建设单位、设计单位、监理单位及施工单位等相关单位参与。各委办局也成立了相应的领导机构，区交管局作为具体执行和管理单位，千方科技则是项目的承建方。

统筹协调与工作推进：领导小组负责统筹协调项目建设工作，包括完成项目评审、招标、基础平台主体建设和重点应用建设等任务。小组还需协调解决有关重要事项，提出指导意见，以保障项目的顺利实施。

试点与推广：政府通过遴选区域内的重点路口、干线和重点工程，开展试点改造工作，形成可复制、可推广的成果和技术方案。这些方案将在其他路口逐步实施。在望京路口的改造过程中，政府联合交通、交管、属地、绿化等多个部门进行联合调研，共同制定改造方案，以最大限度减少对周边居民的影响。

4. 相关建议

多厂商设备对接和兼容性：项目涉及多家厂商的信号机设备，主要包括千方、海信等。为实现不同品牌设备的统一管控和信号优化，可通过边缘小站设备无缝兼容各种品牌的信号机。同时，利用AI智能优化算法满足协调控制的应用需求，消除品牌和操作差异，从而降低维护成本和人员要求。

建立长效协作机制：路口的智能化改造设计涉及城市规划、道路设计、交通组织等多个方面，需整合视频设备、雷达设备、信控设备等不同厂商的硬件设施。为确保项目的稳步推进，需要建立跨部门的协作机制，设立专门的协调机构或联席会议制度，明确各部门的职责分工。应定期召开会议，加强信息共享与交流，提升治理效能，注重源头治理与长效机制建设，确保项目高效落地，全面提升路口治理水平，为市民创造一个更加安全、畅通、有序的交通环境。